하루 15분 섀도잉으로 영어 발음 끝내기

영어 낭독 5단계 트레이닝

지은이 EJ Brown
펴낸이 정규도
펴낸곳 (주)다락원

초판 1쇄 발행 2023년 2월 27일

총괄책임 허윤영
책임편집 김은혜
디자인 하태호
전산편집 김예지
이미지 shutterstock

다락원 경기도 파주시 문발로 211
내용문의: (02)736-2031 내선 522
구입문의: (02)736-2031 내선 250~252
Fax: (02)732-2037
출판등록 1977년 9월 16일 제406-2008-000007호

값 14,500원
ISBN 978-89-277-0171-2 13740

www.darakwon.co.kr

다락원 홈페이지를 방문하시면 상세한 출판정보와 함께 동영상 강좌, MP3 자료 등 다양한 어학 정보를 얻으실 수 있습니다.

하루 15분 섀도잉으로 영어 발음 끝내기

영어 낭독 5단계 트레이닝

EJ Brown 지음

DARAKWON

안녕하세요. 이 책을 쓴 EJ Brown입니다. 제가 미국 대학교에서 영어를 가르친 지 이제 20년이 넘었네요. 예전에는 주로 비원어민 학생을 대상으로 한 ESL(English as a second language) 강의를 했다면, 최근에는 원어민 신입생에게 교양 영어를 가르치고 있습니다.

제가 몸담고 있는 Univ. of Texas at Arlington에는 전 세계에서 모인 똑똑한 학생이 많이 있어요. 이들 중 조교가 되려는 사람은 영어 발음과 스피킹 훈련을 10주 동안 받아야 합니다. 이렇게 짧은 시간 안에 모국어 악센트가 강한 사람의 발음을 훈련하는 방법은 아주 간단합니다. 원어민의 소리를 그림자처럼 따라 읽는 섀도우 리딩과 함께 매주 발표를 시키는 것이죠. 그 과정에서 학기 초반에는 무슨 말인지 알아듣기 어렵던 학생의 발음이 시간이 지날수록 알아들을 수 있는 영어식 발음으로 변해가는 걸 확인할 수 있습니다. 대부분 모국어 악센트가 약간 남아 있지만 그래도 괜찮아요. 상대가 내 말 뜻을 알아들을 수 있으면 대화가 가능하니까요. 미국에서 태어난 원어민도 딱 하나의 영어 발음으로 말하지 않습니다. 주마다 독특한 억양과 악센트가 있기 때문이죠. 그래도 서로 대화하는 데는 무리가 없습니다. 의미를 전달할 수 있는 정해진 기본 발음으로 소통하니까요.

한국어와 영어는 발음할 때 다른 점이 많기 때문에 의사소통이 가능한 기본적인 영어 발음을 만드는 게 한국 사람에게는 쉬운 일이 아닙니다. 따라서 원어민의 소리를 계속 듣고 따라 말하는 수밖에 없습니다. 따라 말하지 않고 원어민과 비슷한 소리가 입에서 술술 나오는 마법 같은 건 없다는 거죠. 스피킹/발음 훈련을 위해 이 책에 나온 글을 하루에 15분만 따라서 읽어 보세요. 깊게 생각하지 말고 그냥 따라 읽기만 해도 됩니다. 발음 규칙은 Pronunciation Point에서 확인해 보세요. 그렇지만 발음 규칙을 달달 외우려고 하지는 마세요. 영어 발음은 예외가 많아서 규칙을 외우는 게 별 의미가 없습니다. 차라리 규칙이 적용된 문장을 외우는 게 나아요. 그 과정에서 다양한 표현도 배울 수 있게 될 겁니다.

자주 연결되는 음의 패턴을 익히고 그냥 물 흐르듯이 반복적으로 따라 읽으면 어느 순간 영어 발음의 기본적인 틀이 잡힙니다. 언어는 암기 과목이기 때문에 쓸 수 있는 문장을 늘리는 게 중요해요. 태어나 처음 말을 배우는 어린 아이처럼 말이죠. 반드시 소리 내어 읽어야 말하기/발음은 물론 듣기/읽기/쓰기 실력도 향상됩니다. 비원어민의 영어 발음이나 억양은 어색한 게 당연한 거예요. 그러니 두려워하거나 부끄러워 말고 소리가 들리는 대로 따라 읽으세요. 그러면 반드시 지언스러운 영어 발음으로 말하게 됩니다. 저를 믿고 따라오세요!

EJ Brown

발음과 스피킹을 동시에 잡는
영어 낭독 5단계 훈련법!

STEP 1
FIRST
READING

다양한 분야의 영어 읽을거리를 먼저 눈으로 읽고, 해석해 보세요. 소리 내어 읽으면서 정확한 발음을 알고 있는지 미리 체크해도 좋습니다.

QR코드를 스마트폰으로 찍어 음원을 틀고, 원어민의 낭독을 들어 보세요. 발음에 주의해야 하는 부분은 더 집중해서 들어 보세요.

STEP 2
LISTENING

STEP 3
SECOND
READING

주어진 한국어 해석이 내가 해석한 것과 어떻게 다른지 비교해 보세요. 그런 다음 STEP 2에서 들었던 원어민의 발음을 떠올리며 본문을 다시 소리 내어 읽어 보세요.

STEP 4
SHADOW READING

원어민의 소리를 그림자처럼 따라 말하는 단계입니다. 끊어 읽기와 연음, 강세를 확인하면서 본문을 다시 소리 내어 읽어 보세요.

본문을 보지 않고 소리만 듣고 따라 말하는 훈련입니다. 원어민의 발음과 억양을 비슷하게 따라 말하려고 노력해 보세요. 처음엔 어색하더라도 세 번 반복하면 비슷하게 소리를 낼 수 있게 될 거예요.

STEP 5
SHADOW SPEAKING

PRONUNCIATION
POINT

본문에 나온 중요한 발음 규칙을 확인하세요. 제시된 설명과 예문을 통해 발음 규칙을 확실히 익히고 나면 까다로운 영어 발음이 더 잘 들릴 거예요.

일 러 두 기   한국어로 표기된 영어 발음은 참고용입니다. 진짜 영어 발음은 MP3 음원을 듣고 익혀 보세요. 경우에 따라 강세를 표기하지 않은 지문도 있습니다. 참고로 강세는 말하는 사람의 의도에 따라 달라질 수 있습니다.

PART 1

인터넷 세상을 읽자! **온라인 글**

PART 2

생활을 읽자! **일상적인 글**

PART 3

감동을 읽자! **연설과 명언**

PART 4
문학을 읽자! **소설**

PART 5
지혜를 읽자! **이솝 이야기**

PART 6
정보를 읽자! **기사와 뉴스**

DICTATION

인터넷 세상을 읽자!
온라인 글

01 Advertisement 01

백화점 카드 광고

STEP 1
FIRST READING

아래 글을 먼저 눈으로 읽은 다음,
소리 내서 읽어 보세요.

Sign up for our department credit card!

You will get a VIP pass for this limited offer event!

You can get 20% off any day with our VIP pass.

There are cardholder-exclusive savings!

Every time you use, more reward!

Once you hit 1,000 points, we'll send you $10 in cash

to spend on anything you want at our store!

It is subject to credit approval.

***

sign up for ~을 신청하다 **off** 할인되어 **exclusive** 전용의 **subject to** ~을 조건/대상으로

음원을 들으며 정확한 소리를 익혀 보세요. 아래는 발음에 주의해야 할 표현입니다. 여기에 집중해서 들어 보세요.

sign up / there are / subject to

해석을 확인하고, 왼쪽의 영문을 다시 읽어 보세요. STEP 2에서 들었던 네이티브 발음을 떠올리면서 최대한 비슷하게 소리 내서 읽어 봅시다.

저희 백화점 신용 카드를 신청하세요!

이번 한정 행사 기간에 VIP 패스를 받게 됩니다!

저희 VIP 패스를 소지하면 언제나 20% 할인을 받을 수 있습니다.

카드 소지자 전용 할인입니다!

쓸 때마다 더 많은 보상금이! 比를 다양하게 해석!

일단 1,000점이 되면 현금으로 10달러를 드리니

저희 매장에서 원하는 물건을 사세요!

이 이벤트는 신용 확인을 받은 사람을 대상으로 합니다.

STEP 4
SHADOW
READING

01

음원을 들으면서 돌림 노래처럼 바로 따라 읽으세요. 끊어 읽기, 연음, 강세에 집중해서 따라해 봅시다.

/ 끊어 읽기 ⌣ 연음 **굵은글자** 강세

● Sign **up**/ for our department **credit** card!

You will get a **VIP** pass/ for this **limited** offer event!

You can get **20**% off/ **any** day with our VIP pass.

There are cardholder-**exclusive** savings!

Every time you use,/ **more reward**!

Once you hit **1,000** points,/

we'll send you/ **$10** in cash/ to spend on/

anything you want at our store!

It is subject to/ credit **approval**.

STEP 5
SHADOW
SPEAKING

01

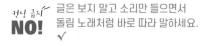

컨닝 금지
NO!
✓

글은 보지 말고 소리만 들으면서
돌림 노래처럼 바로 따라 말하세요.

PRONUNCIATION POINT

🎧 02 2번 따라읽기

연음

문장에서 단어를 하나씩 끊어 읽지 않고 연결해서 읽는 것을 연음(linking)이라고 해요. 단어 하나만 따로 읽을 때와 문장 안에서 여러 단어를 연결해서 읽을 때 소리가 달라지는 거죠. 영어의 연음은 호흡이 끊기지 않고 물이 흐르는 것처럼 자연스럽게 이어집니다. 연음의 여러 규칙 중에 핵심 세 가지를 알아봅시다.

▸ **[자음+모음] 연음**

앞 단어 끝 자음이 다음 단어 모음을 만날 때 연음이 일어나요. 연음 때문에 두 단어가 마치 한 단어인 것처럼 들릴 수 있어요.

sign up
신청하다

for our department
우리 백화점의

▸ **[모음+모음] 연음**

앞 단어 끝 모음과 다음 단어 모음이 만나면 그 사이에 [j-이]나 [w-우] 소리가 끼어듭니다. 앞 단어의 모음이 입 앞쪽에서 나는 소리 [i/ai]면 [이] 소리가 끼어들고, 입 뒤쪽에서 나는 소리 [o/au]면 [우] 소리가 들어가는 거죠. 이것은 아주 약한 소리이므로 일부러 명확하게 소리를 낼 필요는 없습니다.

there are
~들이 있다

go out
외출하다

▸ **[자음+자음] 연음**

같은 자음이 연달아 나오는 경우에는 두 자음이 부딪히면서 한쪽 소리는 생략되거나 약해지고 남은 한쪽 소리만 나게 됩니다.

subject to
~을 조건으로

want to
~하기를 원하다

Advertisement 02

화장품 광고

아래 글을 먼저 눈으로 읽은 다음,
소리 내서 읽어 보세요.

#1

This new eye cream brightens and de-puffs.
It minimizes visible dark circles.
You'll see fine lines are smoothed.

#2

This product is fragrance-free.
Our anti-aging face and neck cream reduces wrinkles,
evens skin tone, and smooths skin texture.
It offers 24-hour hydration.

#3

Try our hydrating mist!
It can be used over makeup.

★★★

brighten 밝게 하다 **de-puff** 부기를 빼다 **minimize** 최소화하다 **visible** 눈에 보이는 **fine** 미세한
fragrance-free 향이 없는 **reduce** 줄이다 **even** 같게/고르게 만들다 **hydration** 보습 **over** ~위에

STEP 2
LISTENING

01

음원을 들으며 정확한 소리를 익혀 보세요. 아래는 발음에 주의해야 할 표현입니다. 여기에 집중해서 들어 보세요.

fragrance-free / anti-aging / 24-hour

STEP 3
SECOND READING

01

해석을 확인하고, 왼쪽의 영문을 다시 읽어 보세요. STEP 2에서 들었던 네이티브 발음을 떠올리면서 최대한 비슷하게 소리 내서 읽어 봅시다.

이 신상 아이크림은 미백 효과가 있고 부기를 빼 줍니다.

눈에 보이는 다크서클을 최소화해 줍니다.

잔주름이 매끈해지는 걸 확인하게 될 거예요.

이 제품은 향이 없습니다.

-free는 '~이 없는'이라는 뜻!

저희 안티에이징 얼굴/목 크림은 주름을 줄여 주고,

피부톤을 고르게 정리해 주고, 피부결을 부드럽게 살려 줍니다.

이 제품은 24시간 보습을 유지해 줍니다.

저희 보습 미스트를 써 보세요!

이 제품은 화장을 한 후에도 사용이 가능합니다.

음원을 들으면서 돌림 노래처럼 바로 따라 읽으세요. 끊어 읽기, 연음, 강세에 집중해서 따라해 봅시다.

/ 끊어 읽기 ↩ 연음 **굵은글자** 강세

#1

This **new** eye cream/ **brightens** and **de-puffs**.
It **minimizes**/ visible **dark** circles.
You'll **see**/ fine lines are **smoothed**.

#2

This product is/ fragrance-**free**.
Our **anti**-aging face and neck cream/
reduces wrinkles,/ **evens** skin tone,/
and **smooths** skin texture.
It offers/ **24**-hour hydration.

#3

Try/ our **hydrating** mist!
It can be used/ over **makeup**.

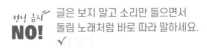

커닝 금지
NO!
✓☐☐☐

글은 보지 말고 소리만 들으면서
돌림 노래처럼 바로 따라 말하세요.

PRONUNCIATION POINT

강세

사람은 보통 내가 중요하다고 생각하는 말에 힘을 주게 됩니다. 그렇기 때문에 중요하게 생각하는 '내용어'에 강세를 두고 강조해서 읽게 되죠. 내용어(content words)란 '실질적인 의미를 가지고 독립적인 기능을 하는 말'을 의미해요. 하나의 문장에는 명사, 동사, 형용사 등 여러 개의 내용어가 나옵니다. 문장의 모든 내용어를 강하게 읽으면 화가 난 것처럼 들릴 수 있으니 그러지 않도록 주의하세요.

This new eye cream brightens and de-puffs.
이 신상 아이크림은 미백 효과가 있고 부기를 빼 줍니다.

It minimizes visible dark circles.
눈에 보이는 다크서클을 최소화해 주는 거죠.

You'll see fine lines are smoothed.
잔주름이 매끈해지는 걸 확인할 수 있습니다.

내용어를 보조하거나 연결하는 전치사, 접속사, 조동사, 관사 등의 기능어(function words)는 보통 강조하지 않습니다. 말하는 의도에 따라 그때그때 특정 내용어를 더 강조하면 됩니다. 강조하고자 하는 말에 힘을 주면 자연스럽게 억양이 올라갔다 내려오게 되고, 그러면서 말에 높낮이도 생깁니다.

My new car has many functions.
내 새 차에는 여러 기능이 있어.

It senses a car too close to mine.
내 차에 너무 가까이 붙어 있는 차를 감지하지.

I can see how close I am to other cars.
내가 다른 차와 얼마나 가까이 있는지 알 수 있어.

Advertisement 03

종이 호일 광고

STEP 1
FIRST READING

아래 글을 먼저 눈으로 읽은 다음,
소리 내서 읽어 보세요.

● These liners are for air fryers, and they are perforated parchment paper.

They are non-stick, precut, and round.

The package includes 100 pcs.

They are suitable for baking, grilling, steaming, and more.

The yellow color shows unbleached and non-toxic.

They will fit in the bottom of the air fryer and not curl.

These liners can resist temperatures up to 450°F.

The many small holes in the paper can make food cook faster.

***

perforated 구멍이 뚫린 parchment paper 황산지 non-stick 달라붙지 않는 pcs(= pieces)
수량 단위 조각/개 unbleached 표백하지 않은 non-toxic 독성이 없는 °F (미) 온도 단위 화씨

STEP 2
LISTENING

01

음원을 들으며 정확한 소리를 익혀 보세요. 아래는 발음에 주의해야 할 표현입니다. 여기에 집중해서 들어 보세요.

They are non-stick, precut, and round.

STEP 3
SECOND
READING

01

해석을 확인하고, 왼쪽의 영문을 다시 읽어 보세요. STEP 2에서 들었던 네이티브 발음을 떠올리면서 최대한 비슷하게 소리 내서 읽어 봅시다.

이 속지는 에어프라이어용으로, 구멍이 송송 뚫린 황산지입니다.

이 제품은 달라붙지 않고, 동그란 모양으로 미리 잘라져 있어요.

한 통에 100개가 들어 있습니다.

이 제품은 베이킹, 구이, 찜 등에 적합합니다.

무표백에 무독성이기 때문에 노란색을 띠고 있습니다.

에어프라이어 바닥에 잘 맞고 말려 들이가지 않아요.

이 속지는 232도까지 열을 가해도 괜찮습니다.

섭씨는 대략
화씨의 절반!

종이에 작은 구멍이 여러 개 뚫려 있어서 음식이 빨리 조리됩니다.

음원을 들으면서 돌림 노래처럼 바로 따라 읽으세요. 끊어 읽기, 연음, 강세에 집중해서 따라해 봅시다.

/ 끊어 읽기 ↪ 연음 굵은글자 강세

These **liners** are for **air** fryers,/

and they are perforated parchment paper.

They are **non**-stick,/ **pre**cut,/ and round.

The package includes **100** pcs.

They are suitable for/ **baking,**/ **grilling,**/ **steaming,**/ and more.

The **yellow** color shows/ **un**bleached and **non**-toxic.

They will fit in the bottom/ of the air fryer/ and **not** curl.

These liners can resist/ temperatures up to **450°F.**

The **many** small holes/ in the paper/

can make food/ cook **faster.**

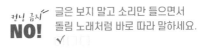

커닝 금지
NO!
✓

글은 보지 말고 소리만 들으면서 돌림 노래처럼 바로 따라 말하세요.

PRONUNCIATION POINT

🎧 02 2번 따라읽기

끊어 읽기

영어 문장을 적절한 타이밍에 끊어 읽기 위해 알아야 하는 첫 번째 법칙은 쉼표 다음에 끊는 것입니다. 두 번째로는 의미 단위로 끊어 읽는 것이죠. 의미 단위 (**thought group**)는 말 그대로 '의미를 가지는 말의 단위'라는 뜻이에요. 짧은 문장은 문장 전체가 의미 단위가 될 수도 있지만, 대개는 [주어+동사(+목적어)] 인 주절을 하나의 의미 단위로 보고 끊어 읽고, 따라 나오는 나머지 절/구에서 끊어 읽습니다.

▶ 의미 단위 1개

The package includes 100 pcs.
한 통에 100개가 들어 있다.

▶ 의미 단위 2개

I was coming home/ when you called me.
네가 전화했을 때 나 집에 오는 중이었어.

강세

의미 단위 안에는 핵심 의미를 전달하는 명사나 동사, 형용사, 부사 등의 '내용어' 와 그것들을 연결/보조하는 전치사, 조동사 등의 '기능어'가 있습니다. 보통 말하는 사람이 중요하다고 생각하는 내용어에 강세를 두고 읽게 됩니다.

▶ 의미 단위 1개/내용어 1개 강조

The lecture has three parts.
그 강의에는 세 파트가 있어.

▶ 의미 단위 2개/내용어 2개 강조

This is good/ for cooking outdoors.
이건 야외 요리용으로 좋아.

Advertisement 04

숙박 시설 광고

아래 글을 먼저 눈으로 읽은 다음,
소리 내서 읽어 보세요.

What are you waiting for?
Bring your dream vacation to life!

You'll be surrounded by nature yet have all the comforts of home. Be our guest in this cozy log cabin situated by a short drive to the lake! This beautiful, one-of-a-kind dream house has a bedroom with a skylight and a full kitchen. It has 2-car garage parking on the premises.

Be prepared for wild animals!
This place isn't suitable for children under 12, and the host doesn't allow pets or smoking.

★★★

bring ~ to life ~을 현실로 만들다 be surrounded by ~로 둘러싸이다 cozy 아늑한 log cabin 통나무집 situated 위치해 있는 one-of-a-kind 아주 독특한/세상에 하나뿐인 on the premises 그 지역/부지 내에 suitable 적합한 host 주인/주최자

STEP 2 LISTENING
01

음원을 들으며 정확한 소리를 익혀 보세요. 아래는 발음에 주의해야 할 표현입니다. 여기에 집중해서 들어 보세요.

What are you waiting for? /
Bring your dream vacation to life!

STEP 3 SECOND READING
01

해석을 확인하고, 왼쪽의 영문을 다시 읽어 보세요. STEP 2에서 들었던 네이티브 발음을 떠올리면서 최대한 비슷하게 소리 내서 읽어 봅시다.

뭘 기다리고 있나요?
꿈꾸던 휴가를 현실로 만드세요!

당신은 자연에 둘러싸이면서 동시에 집이 주는 편안함도 전부 누리게 될 겁니다. 호수까지 차로 조금만 가면 되는 이 안락한 통나무 집의 손님이 되세요! *short drive*
이 아름답고 독특한 꿈의 집에는 하늘이 보이는 침실과 모든 것이 갖추어진 부엌이 있습니다. 부지 내에는 자동차 두 대를 주차할 공간이 있습니다.

야생 동물이 나오니 대비하세요!
이곳은 12세 미만 어린이에게는 적합하지 않고 반려동물은 동반할 수 없으며 흡연도 불가합니다.

음원을 들으면서 돌림 노래처럼 바로 따라 읽으세요. 끊어 읽기, 연음, 강세에 집중해서 따라해 봅시다.

/ 끊어 읽기 ⌣ 연음 굵은글자 강세

What are you **waiting** for?
Bring your **dream** vacation/ to **life**!

You'll be **surrounded** by nature/ **yet**/
have **all** the comforts of home.
Be our **guest**/ in this **cozy** log cabin/
situated by a **short** drive/ to the **lake**!
This **beautiful**,/ one-of-a-**kind** dream house/
has a **bedroom**/ with a **skylight** and a **full** kitchen.
It has **2**-car garage parking/ on the **premises**.

Be **prepared**/ for **wild** animals!
This place **isn't** suitable/ for **children** under 12,/
and the host **doesn't** allow/ pets or smoking.

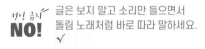

커닝 금지
NO! 글은 보지 말고 소리만 들으면서
돌림 노래처럼 바로 따라 말하세요.

PRONUNCIATION POINT

억양

영어 문장은 형태에 따라 문장 끝소리를 올려서 말하기도 하고 내려서 말하기도 합니다. 이렇게 말할 때 생기는 서로 다른 음의 높낮이를 억양(intonation)이라고 합니다. 소리가 점차 내려가는 것을 하강 어조(falling tone)라고 하는데, 마침표로 끝나는 평서문이나 느낌표로 끝나는 감탄문의 끝소리는 하강 어조로 말합니다. what, why 등의 의문사로 시작하는 의문문도 끝소리를 내려서 말해요. 또한 양자택일하는 상황에서 단어 두 개를 or로 연결할 때도 앞 단어 끝소리를 올렸다가 뒤에 나오는 단어의 끝소리는 내립니다.

It has 2-car garage parking. ↘
두 대의 차를 주차할 수 있어요.

We have 5 tables. ↘
저희는 테이블 다섯 개가 있어요.

Bring your dream vacation to life! ↘
꿈꾸던 휴가를 현실로 만드세요!

Be my guest! ↘
마음대로 하세요!

What are you waiting for? ↘
뭘 기다리고 있나요?

When do you get up? ↘
당신은 언제 일어나나요?

pets ↗ **or smoking** ↘
반려동물 또는 흡연

water ↗ **or tea** ↘
물 또는 차

Customer Reviews

온라인 쇼핑몰 구매 후기

USER 1: This rug feels pretty comfortable but it's a pain to clean.

USER 2: It feels very slick when you walk on it.

USER 3: Good enough. I got what I paid for.

USER 4: Overall, for the price, I am very happy with it.

USER 5: I bought it after checking the reviews, and I like it.

USER 6: I wouldn't recommend it!

USER 7: It's not worth the money.

USER 8: It's too dusty, so I'm returning it.

***

pretty 아주 **slick** 미끄러운 **good enough** 이 정도면 됐다/괜찮다 **overall** 전반적으로 **for the price** 가격에 비해 **happy** 만족하는 **recommend** 추천하다 **worth** ~의 가치가 있는 **dusty** 먼지 가 날리는 **return** 반품하다

음원을 들으며 정확한 소리를 익혀 보세요. 아래는 발음에 주의해야 할 표현입니다. 여기에 집중해서 들어 보세요.

very / enough / overall

STEP 3
SECOND READING

01

해석을 확인하고, 왼쪽의 영문을 다시 읽어 보세요. STEP 2에서 들었던 네이티브 발음을 떠올리면서 최대한 비슷하게 소리 내서 읽어 봅시다.

사용자 1: 이 깔개는 아주 편한데 청소가 힘들어요.

사용자 2: 이 위를 걸으면 너무 미끄러워요.

사용자 3: 그런대로 만족해요. 돈 낸 만큼은 해요.

이 부분의 영어 표현 수록!

사용자 4: 가격 생각하면 전체적으로 아주 만족해요.

사용자 5: 후기 보고 샀는데 저는 마음에 드네요.

사용자 6: 저는 추천하고 싶지 않아요!

사용자 7: 이거 돈값을 못 해요.

사용자 8: 먼지가 너무 나서 반품하려고요.

음원을 들으면서 돌림 노래처럼 바로 따라 읽으세요. 끊어 읽기, 연음, 강세에 집중해서 따라해 봅시다.

/ 끊어 읽기 ⌣ 연음 굵은글자 강세

USER 1: This **rug** feels pretty **comfortable**/ but it's a **pain**/ to clean.

USER 2: It feels **very** slick/ when you **walk** on it.

USER 3: Good **enough.** I got/ what I **paid** for.

USER 4: **Overall,**/ for the price,/ I am very **happy** with it.

USER 5: I bought it/ **after** checking the **reviews,**/ and I like it.

USER 6: I **wouldn't** recommend it!

USER 7: It's **not**/ worth the money.

USER 8: It's too **dusty,**/ so I'm **returning** it.

STEP 5
SHADOW SPEAKING

01

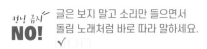

커닝 금지 **NO!** 글은 보지 말고 소리만 들으면서 돌림 노래처럼 바로 따라 말하세요.

PRONUNCIATION POINT

연음

자음과 자음이 만나 연음이 되면 두 번째 자음의 소리가 약해질 수 있습니다. 또 두 소리가 합쳐져 다른 소리가 나기도 합니다. 이런 발음 법칙을 '생략/동화' 라고 하죠.

this summer 발음 생략
이번 여름

Where's your fork? 발음 변화
네 포크는 어디 있니?

강세

중요한 내용을 강하게 읽는 것이 강세의 기본 법칙입니다. 이 때문에 말하는 사람의 의도에 따라 그때그때 다르게 강세를 줄 수 있습니다. 일상회화에서는 보통 부사에 강세를 줘서 문장 전체의 의미를 강조하는 경우가 많습니다.

Good enough.
그런대로 좋아요.

Finally, you've got it!
드디어 네가 해냈구나!

I am extremely hungry!
나 진짜 심하게 배고파!

Overall, for the price, I am very happy with it.
가격 생각하면 전체적으로 아주 만족해요.

06 Travel Reviews on SNS

SNS에 남긴 여행 후기

STEP 1
FIRST
READING

아래 글을 먼저 눈으로 읽은 다음,
소리 내서 읽어 보세요.

#1

Finally, we had a family road trip! Camped at an
unexpectedly beautiful spot in the state park.
We had the park mostly to ourselves. What a treat!

#2

This is where the West begins! We walked around the
Stockyards, the heart of Texas's famous livestock industry.
Then hopped over to the famous western dancing hall,
Billy Bob!

#3

The Grand Canyon, here we come! We are speechless
with the majestic view. Photos don't do it justice.
Be here in person!

★★★

road trip 차를 타고 떠나는 장거리 여행 **have 장소 mostly to** 장소에 ~말고 다른 사람은 거의 없다
treat 대접 **hop over to** ~로 옮겨가다 **justice** (구어) 제구실

음원을 들으며 정확한 소리를 익혀 보세요. 아래는 발음에 주의해야 할 표현입니다. 여기에 집중해서 들어 보세요.

Camped at an unexpectedly beautiful spot in the state park.

STEP 3
SECOND READING 01

해석을 확인하고, 왼쪽의 영문을 다시 읽어 보세요. STEP 2에서 들었던 네이티브 발음을 떠올리면서 최대한 비슷하게 소리 내서 읽어 봅시다.

드디어 가족끼리 자동차 여행을 했어!

국립공원에서 마주친 뜻밖의 아름다운 장소에서 캠핑을 했지.

공원은 거의 우리 차지였어. 좋은 대접을 받았네!

└ [what a+명사!] 감탄 표현

바로 여기가 서부가 시작되는 곳이야!

유명한 텍사스 가축 산업의 중심지인 스톡야드 주변을 걸었지.

그 다음에는 그 유명한 웨스턴 댄싱홀 빌리 밥으로 건너 감!

그랜드 캐니언, 우리가 왔다! 어마어마한 풍경에 우리는 할 말을 잃었어.

사진으로는 다 담을 수 없어. 여기는 직접 와 봐야 해!

└ justice 문맥에 맞게 해석하기

01

음원을 들으면서 돌림 노래처럼 바로 따라 읽으세요. 끊어 읽기, 연음, 강세에 집중해서 따라해 봅시다.

/ 끊어 읽기 ⌣ 연음 **굵은글자** 강세

#1

Finally,/ we had a family road **trip!**
Camped at an/ unexpectedly **beautiful** spot/
in the state **park.** We had the **park**/
mostly to **ourselves.** What a **treat!**

#2

This is where/ the **West** begins!
We walked around the **Stockyards,**/
the heart of Texas's famous **livestock** industry.
Then hopped **over**/ to the famous western
dancing hall,/ **Billy Bob!**

#3

The Grand Canyon,/ here we **come!**
We are speechless/ with the **majestic** view.
Photos don't do it **justice.** Be here/ in **person!**

01

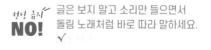

컨닝 금지
NO!

글은 보지 말고 소리만 들으면서 돌림 노래처럼 바로 따라 말하세요.

PRONUNCIATION POINT

연음

단어와 단어를 하나씩 끊어 읽지 않고 연결해 읽는 연음(linking)은 앞 단어 끝 자음이 다음 단어 모음을 만날 때 특히 자주 일어납니다. 연음으로 인해 두 단어가 마치 하나의 소리인 것처럼 들릴 수도 있어요. 그만큼 자연스럽게 연결된다고 생각하면 됩니다.

We had a trip.
우리는 여행을 갔다.

Let's eat out!
우리 외식하자!

walked around
~ 주변을 걸었다

Red is good!
빨간색이 좋아!

끊어 읽기

쉼표는 끊어 읽는 곳을 표기한 기호이므로 당연히 그 앞에서 끊어 읽습니다. 참고로 쉼표는 강조하고 싶은 말 바로 앞에 오는 경우가 많아요. 그리고 [전치사+명사]인 부사구 앞에서도 끊어 읽습니다.

The famous western dancing hall, Billy Bob!
그 유명한 웨스턴 댄싱홀 빌리 밥!

The Grand Canyon, here we come!
그랜드 캐니언, 우리가 왔다!

the house with big white windows
커다란 흰색 창문이 있는 집

the tall guy in a blue suit
파란 양복을 입은 키가 큰 남자

2
PART

생활을 읽자!
일상적인 글

Recipe for Pasta

파스타 레시피

STEP 1
FIRST READING

아래 글을 먼저 눈으로 읽은 다음,
소리 내서 읽어 보세요.

Let's make lemon chicken pasta!
Do you like penne or spaghetti?
Choose any kind of pasta you like!

You need 4 chicken thighs, 3 cloves of minced garlic,
1 tablespoon of chopped fresh parsley, 2 lemons,
and 1/2 cup of Parmesan cheese.

First, grill the chicken and remove it to a plate and slice.
Then, sauté the garlic with olive oil and mix it with the
cooked pasta. Turn the heat off and mix it all together.

Sprinkle chopped fresh parsley, Parmesan cheese,
and lemon juice on top.

★ ★ ★

thigh 허벅지/넓적다리 **clove** (마늘 등의) 한 쪽 **minced** 다져진 **chopped** 잘게 썬 **remove**
제거하다/옮기다 **slice** 자르다 **sauté** (프랑스어) 살짝 튀기다/볶다 **mix** 섞다 **sprinkle** 뿌리다

음원을 들으며 정확한 소리를 익혀 보세요. 아래는 발음에 주의해야 할 표현입니다. 여기에 집중해서 들어 보세요.

Sprinkle chopped fresh parsley,
Parmesan cheese, and lemon juice on top.

STEP 3
SECOND
READING
01

해석을 확인하고, 왼쪽의 영문을 다시 읽어 보세요. STEP 2에서 들었던 네이티브 발음을 떠올리면서 최대한 비슷하게 소리 내서 읽어 봅시다.

● 레몬 치킨 파스타를 만들어 봅시다!
여러분은 펜네 면을 좋아하세요, 스파게티 면을 좋아하세요?
좋아하는 파스타 종류를 아무거나 고르세요!

닭 넓적다리살 4개, 다진 마늘 3쪽,
잘게 썬 신선한 파슬리 1큰술, 레몬 두 개, 파마산 치즈 반 컵이 필요해요.

먼저 닭고기를 그릴에 굽고 접시로 옮긴 후 자르세요.
그리고 나서 올리브 오일로 마늘을 볶은 다음 삶아 둔 파스타와 섞으세요.
불을 끄고 재료를 전부 다 섞어 주세요. *영어권에서 많이*
사용하는 외국어 요리 용어

신선한 파슬리 자른 것과 파마산 치즈, 레몬즙을 위에 뿌리세요.

Let's make/ **lemon** chicken pasta!
Do you like/ **penne** or **spaghetti**?
Choose/ **any** kind of pasta/ you like!

You need/ **4** chicken **thighs**,/ 3 cloves of minced **garlic**,/
1 tablespoon of chopped fresh **parsley**,/ 2 lemons,/
and a half(1/2) cup of **Parmesan cheese.**

First,/ **grill** the chicken/ and **remove** it to a **plate**/
and slice.
Then,/ **sauté** the garlic/ with **olive** oil/ and mix it/
with the **cooked** pasta.
Turn the heat **off**/ and mix it **all** together.

Sprinkle/ chopped fresh **parsley**,/ **Parmesan cheese**,/
and **lemon** juice on top.

STEP 5
SHADOW SPEAKING 01

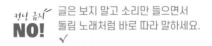

컨닝 금지 **NO!** 글은 보지 말고 소리만 들으면서 돌림 노래처럼 바로 따라 말하세요.

⌒02 2번 따라읽기

억양

말소리의 높낮이가 다르면 억양(intonation)이 생깁니다. 억양에는 기본적인 규칙이 몇 가지 있습니다. 또 말하는 사람의 의도에 따라 억양이 달라질 수도 있죠.

▶ **열거할 때 억양**

단어를 쭉 늘어놓을 때는 각 단어가 끝날 때마다 끝소리를 올리고, 마지막 단어의 끝소리만 내립니다. 열거하는 단어가 몇 개든 상관없이 적용되는 규칙이에요. 소리를 들으면서 상승 억양(rising intonation)과 하강 억양(falling intonation)을 확인해 보세요.

Sprinkle chopped fresh parsley ⟋, Parmesan cheese ⟋, and lemon juice on top. ⟍

신선한 파슬리 자른 것과 파마산 치즈, 레몬즙을 위에 뿌리세요.

I need pasta ⟋, bread ⟋, and some cheese. ⟍

전 파스타랑 빵, 치즈가 좀 필요해요.

Spread butter ⟋, jam ⟋, and honey together. ⟍

버터하고 잼, 꿀을 같이 바르세요.

▶ **선택을 물을 때 억양**

어떤 선택을 할지 묻는 의문문 역시 첫 번째 선택지의 끝소리는 올려 말하고, 두 번째 선택지는 내려 말하게 됩니다.

Do you like penne ⟋ or spaghetti? ⟍

펜네 면을 좋아하나요, 아니면 스파게티 면?

Would you like coffee ⟋ or tea? ⟍

커피나 차 마실래요?

Product Description

제품 설명서

아래 글을 먼저 눈으로 읽은 다음,
소리 내서 읽어 보세요.

This is the perfect size for feeding up to 5 people.

Cooking time may vary depending on the amount.

It is recommended not to cook too much at once.

One-touch program setting lets you start cooking instantly.

There are 5 appliances in 1: pressure cooker, steamer,

slow cooker, rice cooker and food warmer.

Releases steam with a simple push of the release button.

Just press a button for soup, chicken, rice, multigrain or porridge.

Hand-wash only; the inner pot is dishwasher-safe.

---

* * *

feed 밥을 먹이다 **depending on** ~에 따라 **at once** 동시에 **appliance** 가전 제품 **release** 방출/
방출하다 **multigrain** 잡곡이 든/잡곡밥 **porridge** 죽 **only** 오로지 ~만

STEP 2
LISTENING
01

음원을 들으며 정확한 소리를 익혀 보세요. 아래
는 발음에 주의해야 할 표현입니다. 여기에 집중
해서 들어 보세요.

Just press a button for soup, chicken, rice, multigrain or porridge.

STEP 3
SECOND READING
01

해석을 확인하고, 왼쪽의 영문을 다시 읽어 보세
요. STEP 2에서 들었던 네이티브 발음을 떠올리
면서 최대한 비슷하게 소리 내서 읽어 봅시다.

이 제품은 5인 식단에 적합한 사이즈입니다.

양에 따라 조리 시간이 달라질 수 있습니다.

너무 많은 양을 한꺼번에 조리하지 않는 것을 권장합니다.

원터치 프로그램 설정으로 당신은 즉시 요리를 시작할 수 있습니다.

이 제품은 압력솥부터 찜기, 슬로우쿠커, 전기밥솥, 식품 보온기까지

다섯 가지 제품을 하나로 합친 것입니다.

배출 버튼을 누르기만 하면 증기가 배출됩니다.

버튼 하나만 누르면 수프와 치킨, 밥, 잡곡밥이나 죽이 됩니다.

손 세척만 가능하며 내솥은 식기세척기에 사용 가능합니다.

● This is the **perfect** size/ for feeding/ up to **five** people.

Cooking **time** may **vary**/ depending on the **amount**.

It is recommended/ **not** to cook **too** much/ at once.

One-touch program setting/ lets you start/ cooking **instantly**.

There are **five** appliances in **one**: pressure cooker,/ steamer,/ slow cooker,/ rice cooker/ and food warmer.

Releases **steam**/ with a **simple** push/ of the **release** button.

Just press a button/ for soup,/ chicken,/ rice,/ multigrain,/ or porridge.

Hand-wash **only**;/ the inner pot is **dishwasher-safe**.

PRONUNCIATION POINT

🎧 02 2번 따라읽기

억양

이번 글에는 여러 단어를 죽 열거하는 문장이 많습니다. 이런 문장을 읽을 때는 각 단어의 말끝을 올렸다가 마지막 단어에서만 말끝을 내리면 됩니다.

soup ↗, chicken ↗, rice ↗, multigrain ↗ or porridge ↘
수프와 치킨, 밥, 잡곡밥이나 죽

I need bread ↗, cucumber ↗, and milk. ↘
나는 빵, 오이, 우유가 필요해.

My favorite food is pasta ↗, pizza ↗, and gelato. ↘
내가 좋아하는 음식은 파스타, 피자, 젤라또야.

연음

연음 중에는 자음과 자음이 만나서 발생하는 것도 있습니다. 두 자음이 부딪힐 때 한쪽의 소리가 약해지거나 아예 다른 소리가 되는 것이죠. 더불어 앞 단어의 끝소리와 다음 단어의 첫소리가 비슷하면 다음 단어의 첫소리는 보통 생략합니다.

let you /lech-ou/ 발음 변화
당신에게 ~하게 하다

releases steam /rilis-tim/ 발음 생략
김을 빼다

I want to come. /I-won-too-kum/ 발음 생략
난 오고 싶어.

I had enough food. /I-had-enu-food/ 발음 생략
난 음식을 충분히 먹었어.

45

09 Describing Symptoms

아픈 증상 묘사하기

아래 글을 먼저 눈으로 읽은 다음,
소리 내서 읽어 보세요.

Watch for symptoms.

This list does not include all possible symptoms.

People with these symptoms may have COVID-19:

Fever or chills, cough, shortness of breath,

fatigue, muscle or body aches,

headache, new loss of taste or smell,

sore throat, congestion or runny nose,

nausea or vomiting, diarrhea.

If you have these symptoms,

wear a mask and contact your doctor.

Source from CDC

★★★ ────────────────────────────

symptom 증상 fever 열 chills 오한 shortness of breath 호흡 곤란 fatigue 피로 loss 상실
congestion 몸의 기관이 막히는 증상 runny nose 콧물 nausea 울렁거림 vomiting 구토
diarrhea 설사 contact 연락하다 CDC(= Centers for Disease Control) 미국 질병관리센터

음원을 들으며 정확한 소리를 익혀 보세요. 아래는 발음에 주의해야 할 표현입니다. 여기에 집중해서 들어 보세요.

fever / cough / fatigue / vomiting

STEP 3
SECOND
READING

01

해석을 확인하고, 왼쪽의 영문을 다시 읽어 보세요. STEP 2에서 들었던 네이티브 발음을 떠올리면서 최대한 비슷하게 소리 내서 읽어 봅시다.

증상을 살펴 보세요.

이 리스트에 가능성 있는 증상이 모두 포함된 것은 아닙니다.

이런 증상이 있는 사람은 코로나에 걸린 것일 수도 있습니다.

열이나 오한, 기침, 숨이 차거나

피로감, 근육통이나 몸살,

두통, 미각이나 후각이 갑자기 없어짐,

인후통, 코가 막히거나 콧물이 남,

울렁증이나 구토, 설사.

이런 증상이 나타나면, 마스크를 쓰고 의사에게 연락하세요.

증상 설명은 [I have+병명]

출처 : CDC

● **Watch** for symptoms.

This list does **not** include/ **all** possible symptoms.

People with **these** symptoms/ **may** have COVID-19:

Fever or chills,/ **cough**,/ **shortness** of breath,/

fatigue,/ muscle or body aches,/

headache,/ new **loss** of taste or smell,/

sore throat,/ congestion or **runny** nose,/

nausea or **vomiting**,/ **diarrhea**.

If you have **these** symptoms,/ **wear** a mask/

and **contact** your doctor.

STEP 5
SHADOW SPEAKING
01

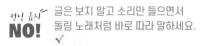

컨닝 금지
NO!
✓

글은 보지 말고 소리만 들으면서
돌림 노래처럼 바로 따라 말하세요.

PRONUNCIATION POINT

f 와 v 발음

f와 v를 발음할 때는 흔히 입술만 써서 ㅍ과 ㅂ 소리를 내기 쉽습니다. 하지만 사실 한국어와 딱 연결되는 f/v 소리는 없다고 보아야 합니다. f/v는 둘 다 윗니를 아랫입술 안쪽에 살짝 댔을 때 나오는 소리입니다. 이때 아랫입술을 밖으로 내밀거나 안으로 말지 않고 그대로 두는 게 중요하죠. 참고로 gh도 [f] 소리가 날 때가 있으니 주의하세요.

fever
열

fatigue
피로감

fine
벌금

foot
발

vomiting
구토

victory
승리

cough
기침

laugh
웃음

ache 발음

아픈 증상을 말할 때 가장 흔하게 쓰는 단어가 ache(통증)입니다. 일반적으로 '아픔'은 pain이라고 하는데, '특정 부위의 아픔'은 뒤에 ache을 붙인 합성어를 자주 사용합니다. 예를 들어 body aches(몸살)처럼요. 이 -che를 발음하기 어려워하는 사람이 많은데 한국어 [크]에 가까운 소리라고 생각하면 됩니다. 여기에 복수를 뜻하는 -s가 붙으면 발음이 달라지니까 잘 들어 보세요.

headache
두통

stomachache
복통

earache
귀 통증

body aches
몸살

10 Medication Instructions

약 복용법

STEP 1
FIRST READING

아래 글을 먼저 눈으로 읽은 다음,
소리 내서 읽어 보세요.

Take 1 tablet by mouth.

Discard after 03/04/2023.

You may refill 2X by 10/21/2022.

Take the medication as scheduled at the same time every day.

Do not stop taking or change your medication

unless you first talk with your doctor.

This medication may cause some side effects:

You could feel dizziness or weakness

when standing up suddenly or getting up in the morning.

***

take (약)을 섭취하다 tablet 알약 discard 폐기하다 X 횟수 표기 unless ~하지 않는다면 cause 야기하다 side effect 부작용 dizziness 현기증

STEP 2
LISTENING 01

음원을 들으며 정확한 소리를 익혀 보세요. 아래는 발음에 주의해야 할 표현입니다. 여기에 집중해서 들어 보세요.

You may refill 2X by 10/21/2022.

STEP 3
SECOND
READING 01

해석을 확인하고, 왼쪽의 영문을 다시 읽어 보세요. STEP 2에서 들었던 네이티브 발음을 떠올리면서 최대한 비슷하게 소리 내서 읽어 봅시다.

●● 한 알씩 입으로 복용하세요.

2023년 3월 4일 이후에는 폐기하세요.

2022년 10월 21일까지 2번 추가로 받을 수 있습니다. *may는 '가능/허용'을 의미*

매일 같은 시간에 정해진 대로 약을 복용하세요.

의사와 상의 전에 약 복용을 중단하거나 약을 바꾸지 마세요.

이 약은 몇 가지 부작용을 일으킬 수 있습니다.

갑자기 일어나거나 아침에 일어날 때

어지럽거나 몸에 힘이 없는 느낌을 받을 수도 있습니다.

Take 1 tablet/ by mouth.

Discard after March **fourth,**/
two thousand twenty **three**(03/04/2023).

You may refill/ **two** times(2X)/ by October twenty first,/
two thousand twenty two(10/21/2022).

Take the medication/ as **scheduled**/ at the **same** time
every day.

Do **not** stop taking/ or change your medication/
unless you first talk/ with your doctor.

This medication may **cause**/ some **side** effects:

You **could** feel/ dizziness or weakness/
when standing **up** suddenly/ or getting **up** in the morning.

PRONUNCIATION POINT

날짜/연도

영어로 날짜를 말할 때는 한국어와 다르게 **first, second, third, fourth, fifth, sixth, seventh, eighth, ninth, tenth**처럼 서수를 사용합니다. 날짜를 표기하는 순서도 월/일/연도 순이라 한국어와 다르죠. 연도는 일반적인 경우 19/97처럼 두 자리씩 끊어 읽는데, 2000년 이후부터는 **two thousand**를 먼저 말하고 뒤의 숫자 두 자리를 읽으면 됩니다.

03/04/2022 March fourth, two thousand twenty two

10/21/2021 October twenty-first, two thousand twenty one

05/17/1969 May seventeenth, nineteen sixty-nine

09/07/1989 September seventh, nineteen eighty-nine

횟수

한 번은 **once**, 두 번 이상은 기수에 **times**를 붙입니다. 그래서 '두 번'은 **two times**, '세 번'은 **three times**라고 합니다. **times**는 수식에서 '곱셈 = X'를 뜻하기 때문에 **two times/three times**를 2X/3X라고 표기할 수도 있습니다. 그러므로 '일주일에 한 번'은 **once a week**, '3개월에 두 번'은 **2X every three months**처럼 횟수를 먼저 말하고 기간을 덧붙입니다.

2X = two times
두 번

ten times
열 번

three times a week
일주일에 세 번

3X every two months
2개월마다 세 번

11 Cancellation Terms and Conditions 호텔 취소 약관

STEP 1
FIRST READING

아래 글을 먼저 눈으로 읽은 다음,
소리 내서 읽어 보세요.

 #1

Our hotel offers flexible booking options
with free changes and cancellations.
We even give you the flexibility to change or cancel
up to 24 hours before your arrival day.
Some exclusions to the 24-hour window may apply.

#2

Reservations need to be canceled at least two days before
the scheduled arrival date, or guests will be charged
a one-night penalty.
Please cancel 48 hours prior to arrival to avoid
a one-night charge plus tax.
There are no exceptions, including Covid cases.

★ ★ ★ ───────────────────────────────

flexible 유연한 up to ~전까지 exclusion 예외/제외 prior to ~에 앞서 avoid 피하다/방지
하다 charge 요금/(요금)을 청구하다 exception 예외

STEP 2
LISTENING
01

음원을 들으며 정확한 소리를 익혀 보세요. 아래
는 발음에 주의해야 할 표현입니다. 여기에 집중
해서 들어 보세요.

Our hotel offers flexible booking options
with free changes and cancellations.

STEP 3
SECOND
READING
01

해석을 확인하고, 왼쪽의 영문을 다시 읽어 보세
요. STEP 2에서 들었던 네이티브 발음을 떠올리
면서 최대한 비슷하게 소리 내서 읽어 봅시다.

free의 다양한 의미

● 저희 호텔은 무료로 예약을 변경하거나

취소할 수 있는 유연한 예약 변경 옵션을 제공합니다.

손님은 도착하는 날의 24시간 전까지도

유연하게 변경하거나 취소할 수 있습니다.

24시간 기회에 대한 일부 예외적인 경우가 있을 수도 있습니다.

[시간+window]는 '제시된 시간'을 의미함

예약 취소는 도착 예정 날짜의 최소 이틀 전까지 해야 하며

이를 어길 시 손님에게 일박의 숙박 요금이 청구됩니다.

일박 숙박 요금 및 세금 부과를 면하려면 꼭 도착 48시간 전에

취소해 주세요. 코로나인 경우에도 예외가 없습니다.

#1

Our hotel offers/ **flexible** booking options/
with **free** changes and cancellations.

We **even** give you the flexibility/ to change or cancel/
up to 24 hours/ **before** your arrival day.

Some **exclusions**/ to the **24**-hour window/ may apply.

#2

Reservations need to be **canceled**/ at **least two** days
before/ the scheduled arrival date,/
or guests will be **charged**/ a one-night **penalty**.

Please cancel/ 48 hours **prior** to arrival/
to **avoid** a one-night charge plus tax.

There are **no exceptions**,/ including **Covid** cases.

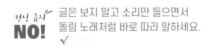

커닝 금지 글은 보지 말고 소리만 들으면서
NO! 돌림 노래처럼 바로 따라 말하세요.

PRONUNCIATION POINT

⌒ 02 2번 따라읽기

어려운 발음

현재 시제에서 3인칭 단수가 주어일 때 일반 동사의 끝에 **-s**, **-es** 등이 붙게 됩니다. 이 경우 발음을 삼키면 안 되고, 반드시 정확하게 끝까지 발음해야 하죠. 비슷한 맥락에서 명사가 복수형일 때 그 끝소리 발음에도 신경 써야 합니다. 이런 경우를 발음하는 데 필요한 세 가지 규칙을 알아보겠습니다.

▶ [s] 발음하기
단어의 끝소리가 [p], [t], [k], [f]처럼 성대가 떨리지 않는 무성음이면 그 뒤에 붙는 **-s**는 [s] 소리가 납니다. 단, **cats**처럼 t와 s가 만나면 [tʃ-츠] 소리가 납니다.

laughs
웃음들

guests
손님들

cats
고양이들

▶ [z] 발음하기
단어의 마지막 소리가 [b], [d], [r], [n]처럼 성대가 떨리는 유성음일 때 **-s**는 [z] 소리가 납니다. 사실 **s**는 [z] 소리가 나는 경우가 대부분입니다. 한국어로는 [스/즈]의 중간 정도 소리라고 볼 수 있습니다.

our hotel offers
우리 호텔은 제공합니다

cancellations
취소들

exclusions
제외 사항들

▶ [iz] 발음하기
-es로 끝나는 단어는 대부분 [iz] 소리가 납니다.

free changes
무료 변경 사항들

boxes
상자들

faces
얼굴들

12 Customer Satisfaction Survey

고객만족도 설문 조사

STEP 1
FIRST READING

아래 글을 먼저 눈으로 읽은 다음,
소리 내서 읽어 보세요.

1 Please write down your gender, age, and area where you often shop.

2 How did you find out about our product?

3 Overall, how satisfied are you with the product and service?

4 How likely are you to recommend our company to others?

5 Why did you choose our product over a competitor's?

6 How long have you been using the product?

7 How often do you use the product or service?

8 What would you improve if you could?

★ ★ ★

gender 성별 **area** 지역 **satisfied** 만족하는 **likely** 가능성이 있는 **recommend** 추천하다 **over**
~보다/~에 우선해서 **competitor** 경쟁자 **improve** 개선하다

STEP 2
LISTENING 01

음원을 들으며 정확한 소리를 익혀 보세요. 아래
는 발음에 주의해야 할 표현입니다. 여기에 집중
해서 들어 보세요.

How did you find out about our product?

STEP 3
SECOND
READING 01

해석을 확인하고, 왼쪽의 영문을 다시 읽어 보세
요. STEP 2에서 들었던 네이티브 발음을 떠올리
면서 최대한 비슷하게 소리 내서 읽어 봅시다.

1 당신의 성별, 나이, 자주 쇼핑을 하는 지역을 적어 주세요.

2 어떤 경로로 저희 제품을 알게 되었나요?

3 저희 제품과 서비스에 전반적으로 얼마나 만족하나요?

4 저희 회사를 다른 사람들에게 추천할 의사가 있나요?

5 경쟁사 제품 대신에 저희 제품을 선택한 이유는 무엇입니까?

6 얼마나 오래 그 제품을 사용했나요?

7 얼마나 자주 그 제품이나 서비스를 이용하나요?

8 만약 당신이 뭔가를 개선할 수 있다면, 무엇을 하겠습니까?
현 상황과 반대되는 것을 가정하기

음원을 들으면서 돌림 노래처럼 바로 따라 읽으세요. 끊어 읽기, 연음, 강세에 집중해서 따라해 봅시다.

/ 끊어 읽기 ⤳ 연음

1 Please write down your gender,/ age,/ and area/ where you often shop.

2 How did you find out/ about our product?

3 Overall, how satisfied are you/ with the product and service?

4 How likely are you/ to recommend our company/ to others?

5 Why did you choose/ our product/ over a competitor's?

6 How long/ have you been/ using the product?

7 How often/ do you use/ the product or service?

8 What would you improve/ if you could?

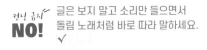

컨닝 금지
NO! 글은 보지 말고 소리만 들으면서 돌림 노래처럼 바로 따라 말하세요. ✓

PRONUNCIATION POINT

구개음화

특정 자음이 y나 u를 만날 때 경구개음인 ㅈ/ㅊ/ㅉ 소리가 나는 것을 '구개음화'라고 합니다. 이런 현상은 주로 you/your와 부딪힐 때 일어나기 때문에 그런 경우를 알아보겠습니다. y는 [이] 소리가 나는데 발음기호로는 [j]로 표기합니다.

▸ **[d]와 [j]가 만나면 [dʒ]**
앞 단어가 [d]소리로 끝나고 뒤에 you/your 등이 나오면 [쥐] 소리가 나는 게 구개음화의 가장 흔한 예시입니다.

Would you recommend it?   **Did you...?**
그것을 추천하시나요?   넌 ~했니?

▸ **[t]와 [j]가 만나면 [tʃ]**
앞 단어가 [t] 소리로 끝나고 뒤에 you/your 등이 나오면 [츄] 소리가 납니다.

Why don't you join us?   **Didn't you...?**
너 우리한테 합류할래?   넌 ~하지 않았니?

▸ **[z]와 [j]가 만나면 [ʒ]**
앞 단어가 [z] 소리로 끝나고 뒤에 you/your 등이 나오면 [쥬] 소리가 납니다.

Where's your fork?   **Where's your school?**
네 포크는 어디 있어?   너네 학교는 어디야?

▸ **[s] 와 [j]가 만나면 [ʃ]**
앞 단어가 [s] 소리로 끝나고 뒤에 you/your 등이 나오면 [슈] 소리가 납니다.

Pass your plate.   **What makes you think so?**
접시를 건네 줘.   왜 그렇게 생각해?

13 Rent Survey

임대 설문 조사

1 How many bedrooms do you want?

2 What's your monthly budget for rent?

3 What features do you want?

4 Which neighborhood are you looking to move to?

5 How long of a lease do you need?

6 Do you have pets?

7 Do you need on-site laundry or in-unit laundry?

8 Do you prefer hardwood floors or carpet?

***

monthly 매달의 budget 예산 feature 특징/특색 neighborhood 주위/지역 lease 임대차 계약
on-site laundry 단지 내 세탁 시설 in-unit laundry 가구 내 세탁기 prefer 선호하다 hardwood
floors 마룻바닥

음원을 들으며 정확한 소리를 익혀 보세요. 아래는 발음에 주의해야 할 표현입니다. 여기에 집중해서 들어 보세요.

How many bedrooms do you want? / Do you have pets?

해석을 확인하고, 왼쪽의 영문을 다시 읽어 보세요. STEP 2에서 들었던 네이티브 발음을 떠올리면서 최대한 비슷하게 소리 내서 읽어 봅시다.

1 침실은 몇 개 원하나요?

2 한 달 월세는 얼마를 예상하나요?

3 어떤 시설을 원하나요?
   ⓒ 거주지의 feature(특징)는 '편의시설'을 의미함

4 어느 동네로 이사할 생각인가요?

5 계약 기간은 얼마나 필요한가요?

6 반려동물이 있나요?

7 단지 내 세탁 시설이나 집안에 세탁기가 필요한가요?

8 마룻바닥을 선호하나요 아니면 카펫을 더 선호하나요?

STEP 4
SHADOW READING

01

음원을 들으면서 돌림 노래처럼 바로 따라 읽으세요. 끊어 읽기, 연음, 강세에 집중해서 따라해 봅시다.

/ 끊어 읽기 ⌣ 연음

1 How many bedrooms/ do you want?

2 What's your monthly budget/ for rent?

3 What features/ do you want?

4 Which neighborhood/ are you looking to move to?

5 How long of a lease/ do you need?

6 Do you have pets?

7 Do you need/ on-site laundry/ or in-unit laundry?

8 Do you prefer/ hardwood floors/ or carpet?

STEP 5
SHADOW SPEAKING

01

커닝 금지
NO!

글은 보지 말고 소리만 들으면서 돌림 노래처럼 바로 따라 말하세요.

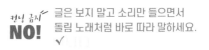

🎧 02 2번 따라읽기

억양

영어의 의문문에는 여러 가지 종류가 있어요. 그 종류에 따라 끝소리의 높이가 달라집니다.

▶ 예/아니요 의문문

YES/NO로 답할 수 있는 의문문의 끝소리는 올라가는 톤(rising tone)이에요.

Do you have pets? ↗   **Are you awake?** ↗
반려동물이 있나요?   너 깨어 있니?

▶ 정보를 묻는 의문사 의문문

의문사 what/how/which 등으로 정보를 묻는 의문문의 끝소리는 내려가는 톤(falling tone)이에요.

How many bedrooms do you want? ↘
침실은 몇 개 원하세요?

Which way is to the library? ↘
도서관이 어느 쪽이죠?

▶ 선택 의문문

두 가지 중에 한 가지를 선택하도록 묻는 의문문의 경우에는 첫 번째 항목의 끝소리를 올렸다가 두 번째 항목에서 끝소리를 내립니다.

Do you prefer hardwood floors ↗ **or carpet?** ↘
마룻바닥을 선호하시나요 아니면 카펫?

Would you like sugar ↗ **or cream?** ↘
설탕이나 크림 드릴까요?

3
PART

감동을 읽자!
연설과 명언

14 Acceptance Speech 01

윤여정 아카데미상 수상 소감

STEP 1
**FIRST
READING**

아래 글을 먼저 눈으로 읽은 다음,
소리 내서 읽어 보세요.

As you know, I'm from Korea, and actually, my name is Yuh-Jung Youn. Most European people call me Yuh-Young, and some of them call me Yoo-Jung. But tonight, you are all forgiven.

When I'm living in the other part of the world, I just watch television, the Oscar event. I cannot believe I'm here. Let me pull myself together.

I don't believe in competition. How can I win over Glenn Close? I've watched her in so many performances. All the nominees, the five nominees, we are the winners for different movies. We played different roles. So we cannot compete with each other.

* * *

as you know 아시다시피 forgive 용서하다 pull ~ together ~의 마음을 가다듬다 competition
경쟁 performance 연기/실적/성과 nominee 후보자

음원을 들으며 정확한 소리를 익혀 보세요. 아래는 발음에 주의해야 할 표현입니다. 여기에 집중해서 들어 보세요.

**All the nominees, the five nominees,
we are the winners for different movies.**

STEP 3
SECOND
READING

01

해석을 확인하고, 왼쪽의 영문을 다시 읽어 보세요. STEP 2에서 들었던 네이티브 발음을 떠올리면서 최대한 비슷하게 소리 내서 읽어 봅시다.

아시다시피 저는 한국 출신이죠. 그리고 사실 제 이름은 윤여정이에요.
유럽 사람은 대부분 저를 여영이라고 부르고, 일부는 저를 유정이라고
부르죠. 하지만 오늘 밤에는 다 용서할게요.

제가 세상의 반대편에 살 때는 그냥 TV로 오스카 행사를 봤어요.
제가 여기에 있다니 믿을 수가 없네요. 정신 좀 차려야겠어요.

*함께 있도록 당기다
→ 정신 차리다*

전 경쟁을 믿지 않아요. 제가 어떻게 글렌 클로스를 이길 수 있겠어요?
지금까지 그분의 연기를 너무 많이 봐 왔는데요.
다섯 명의 모든 후보가 각자 다른 영화로 우승자입니다.
우린 다른 역할을 연기했잖아요. 그래서 우리는 서로 경쟁할 수 없어요.

69

As you know,/ I'm from **Korea**,/ and **actually**,/ my name is **Yuh-Jung Youn**. Most **European** people call me **Yuh-Young**,/ and some of them call me **Yoo-Jung**. But tonight,/ you are all forgiven.

When I'm living/ in the **other** part of the world,/ I just **watch** television,/ the **Oscar** event. I **cannot** believe/ I'm **here**. Let me pull myself **together**.

I don't believe in **competition**. **How** can I win over **Glenn Close**? I've watched her/ in so many performances. **All** the nominees,/ the five nominees,/ we are the **winners**/ for different movies. We played **different** roles,/ so we **cannot** compete with each other.

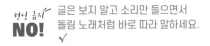

PRONUNCIATION POINT

∩ 02 2번 따라읽기

끊어 읽기

'아버지 가방에 들어가신다' 같은 실수를 피하려면 영어에서도 적절히 끊어서 말하거나 읽어야 합니다. 특히 몇 개의 단어로 이루어진 관용 표현은 한 덩어리로 읽어야 하죠. 관용 표현은 단어 하나하나를 해석하는 것이 아니라 그 전체를 하나의 표현으로 보기 때문입니다. 그리고 여러 단어가 합쳐져서 만들어진 구나 짧은 절 역시 한 덩어리로 연결해서 읽습니다.

pull your weight
네 몫을 다하다

pull myself together
내 정신을 가다듬다

believe in competition
경쟁을 믿다

let me help
내가 돕겠다

compete with each other
서로 경쟁하다

as they say
사람들이 말하는 것처럼

as you know
아시다시피

강세

의미 단위마다 끊어 읽으면서 하나의 단어만 강세를 줘서 읽는 게 의미를 정확히 전달하는 데 도움이 됩니다. 어떤 단어를 강조할지는 말하는 사람의 의도에 따라 바뀔 수 있습니다.

I'm from Korea.
전 한국에서 왔어요.

all the nominees
모든 후보들

15 Acceptance Speech 02

마틴 루터 킹 노벨상 수상 소감

STEP 1
FIRST READING

아래 글을 먼저 눈으로 읽은 다음,
소리 내서 읽어 보세요.

Civilization and violence are antithetical concepts.

Sooner or later, all the people of the world will have to discover a way to live together in peace and thereby transform this pending cosmic elegy into a creative psalm of brotherhood.

If this is to be achieved, man must evolve for all human conflict a method which rejects revenge, aggression, and retaliation.

The foundation of such a method is love.

The beauty of genuine brotherhood and peace is more precious than diamonds or silver or gold.

★★★

civilization 문명 antithetical 정반대의 discover 발견하다 thereby 그렇게 함으로써 transform A into B A를 B로 변화시키다 pending 해결되지 않은 cosmic 우주의/무한의 elegy 슬픈 노래 psalm 찬송가/찬가 brotherhood 인류애/형제애 aggression 공격 retaliation 보복 foundation 기반/기초 beauty 아름다움/장점 genuine 진실한 precious 귀중한

STEP 2
LISTENING   01

음원을 들으며 정확한 소리를 익혀 보세요. 아래는 발음에 주의해야 할 표현입니다. 여기에 집중해서 들어 보세요.

thereby / brotherhood / method

STEP 3
SECOND READING   01

해석을 확인하고, 왼쪽의 영문을 다시 읽어 보세요. STEP 2에서 들었던 네이티브 발음을 떠올리면서 최대한 비슷하게 소리 내서 읽어 봅시다.

● 문명과 폭력은 현저하게 상반되는 개념입니다.

조만간 이 세상의 모든 사람이 평화롭게 함께 사는 법을 찾아야만 할 것입니다. 그렇게 해서 현재의 해결되지 않은 매우 슬픈 노래를 형제애에 대한 창조적인 찬가로 바꿔야만 할 것입니다.

여기서 man은 '사람'이라는 뜻!

이것이 이루어지려면, 인간은 모든 인간적 갈등에 대한 복수와 공격과 보복을 거부하는 방법을 발전시켜야 합니다.

그러한 방법의 기반은 사랑입니다.

진실된 형제애와 평화의 아름다움은 다이아몬드나 은, 금보다 더욱 소중한 가치가 있습니다.

/ 끊어 읽기 ⌣ 연음 **굵은글자** 강세

Civilization and violence are/ antithetical concepts.

Sooner or later,/ **all** the people of the world/
will **have to** discover/ a **way** to live **together**/ in **peace**/
and thereby/ **transform** this pending cosmic **elegy**/
into a creative psalm of **brotherhood**.

If this is to be **achieved**,/ man must **evolve**/ for all
human **conflict**/ a method which **rejects** revenge,/
aggression,/ and retaliation.

The **foundation** of such a method/ is **love**.

The beauty/ of **genuine** brotherhood and peace/
is more **precious**/ than diamonds or silver or gold.

STEP 5
SHADOW
SPEAKING

01

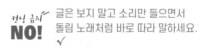

컨닝 금지
NO!

글은 보지 말고 소리만 들으면서
돌림 노래처럼 바로 따라 말하세요.

PRONUNCIATION POINT

02 2번 따라읽기

th 발음

흔히 '번데기 발음'이라고 부르는 **th**[θ] 발음은 한국어 [쓰/뜨]와 소리가 비슷하게 들리지만 사실은 조금 다릅니다. **th**는 윗니와 아랫니 사이로 혀끝을 아주 살짝 내밀면서 소리를 내야 합니다. 이 소리는 유성음(**voiced**)인 [ð], 무성음(**voiceless**)인 [θ]로 구분됩니다. 글자로는 표현하기 어려운 발음이니 여러 번 듣고 연습해 보세요.

▶ 유성음 [ð]

혀끝을 윗니와 아랫니 사이로 살짝 내밀면서 소리를 냅니다. 성대의 울림이 있는 소리기 때문에 '유성음'이라고 하는데 무성음과 혀의 위치에는 큰 차이는 없습니다.

thereby	**brotherhood**	**mother**
그렇게 함으로	형제애	어머니
together	**smooth**	
함께	매끈매끈한	

▶ 무성음 [θ]

혀끝을 윗니와 아랫니 사이로 살짝 내밀면서 성대를 떨지 않고 내는 소리입니다. 유성음과 발음하는 방법은 크게 다르지 않지만 성대가 울리지 않게 주의하세요.

method	**everything**	**thought**
방법	모든 것	생각
antithetical	**three**	
정반대의	3, 셋	

75

16 Graduation Speech

스티브 잡스 졸업 연설

STEP 1
FIRST READING

아래 글을 먼저 눈으로 읽은 다음,
소리 내서 읽어 보세요.

Of course, it was impossible to connect the dots looking forward when I was in college. But it was very very clear looking backward 10 years later. Again, you can't connect the dots looking forward; you can only connect them looking backward.

So you have to trust that the dots will somehow connect in your future. You have to trust in something—your gut, destiny, life, karma, whatever. Because believing that the dots will connect down the road will give you the confidence to follow your heart even when it leads you off the well-worn path, and that will make all the difference.

★ ★ ★

looking forward/backward 앞/뒤를 보다 gut (구어) 직감/배짱/용기 karma 업보 down the road 언젠가 lead 이끌다 off 벗어나서 well-worn path 많은 사람이 지나간 길 difference 차이

STEP 2
LISTENING

01

음원을 들으며 정확한 소리를 익혀 보세요. 아래
는 발음에 주의해야 할 표현입니다. 여기에 집중
해서 들어 보세요.

*Again, you can't connect the dots looking forward;
you can only connect them looking backward.*

STEP 3
**SECOND
READING**

01

해석을 확인하고, 왼쪽의 영문을 다시 읽어 보세
요. STEP 2에서 들었던 네이티브 발음을 떠올리
면서 최대한 비슷하게 소리 내서 읽어 봅시다.

상황과 상황을
연결한다는 뜻

물론 제가 대학을 다니던 시절에는 앞을 내다보면서 점들을 연결하는 것은
불가능했습니다. 하지만 10년 후에 돌이켜 보니 매우 매우 분명한 일이었
죠. 다시 말하자면, 앞을 내다보면서 (현재의) 점들을 연결할 수는 없어요.
뒤돌아보니 겨우 연결이 가능한 거죠.

그러니 현재의 그 점들이 어떻게든 미래와 연결되어 있을 거라고 믿어야
해요. 뭔가를 믿어야 합니다. 당신의 직감, 운명, 인생, 업보, 뭐든지요.
왜냐하면 언젠가 이 점들이 연결될 거라는 믿음이 내가 진심으로 원하는
것을 추구할 확신을 주거든요. 그게 심지어 일반적으로 평탄한 길에서 벗
어날지라도요. 그리고 그것이 모든 차이를 만들어 내게 될 겁니다.

STEP 4

SHADOW READING

01

음원을 들으면서 돌림 노래처럼 바로 따라 읽으세
요. 끊어 읽기, 연음, 강세에 집중해서 따라해 봅
시다.

/ 끊어 읽기 ⌣ 연음 **굵은글자** 강세

Of course,/ it was **impossible**/ to connect the **dots**/ looking forward/ when I was in college.

But it was **very very** clear/ looking **backward**/ **10** years later. **Again,**/ you **can't connect** the dots/ looking **forward**; you can only **connect** them/ looking **backward.**

So you have to **trust**/ that the **dots** will somehow **connect**/ in your **future.** You **have to** trust in **something**/ —your **gut,**/ **destiny,**/ **life,**/ **karma,**/ whatever.

Because **believing** that/ the **dots** will connect/ **down** the road/ will **give** you the **confidence**/ to **follow** your heart/ **even** when it leads you **off**/ the well-worn path,/ and that will make **all** the difference.

STEP 5

SHADOW SPEAKING

01

커닝 금지
NO!
✓

글은 보지 말고 소리만 들으면서
돌림 노래처럼 바로 따라 말하세요.

PRONUNCIATION POINT

⌒02 2번 따라읽기

can 발음

can[kən]은 [컨/큰]으로 발음합니다. can은 의미를 가진 단어라기보다는 다른 단어를 보조하는 기능어기 때문에 보통 강조해서 발음하지 않습니다. 오히려 can 바로 뒤에 오는 동사에 강세를 두고 말하지요. 하지만 어떤 질문에 대한 대답을 can[kæn]으로 해야 할 때는 [캔]으로 소리도 달라지고 강세를 두고 발음할 수도 있습니다.

you can[kən] **only connect them**
너는 그것들을 연결할 수 있을 뿐이다

Can[kən] **you ride a bike?**   **Yes, I can**[kæn]**.**
너 자전거 탈 수 있어?   응, 난 탈 수 있어.

I can[kən] **ride a bike.**
난 자전거 탈 수 있어.

can't 발음

cannot의 준말 can't[kæn]은 [캔]으로 강조해서 발음합니다. 미국 영어에서는 맨 끝에 나오는 t 소리가 거의 들리지 않기 때문에 사실 can과 can't을 구별하기 어렵습니다. 그래서 대화의 맥락에 더 신경을 써야 하죠. can't 뒤에 나오는 동사에도 같이 강세를 준다고 생각하고 읽으세요.

you can't[kæn] **connect the dots**
너는 점들을 연결할 수 없다

I can't[kæn] **do that.**   **You can't**[kæn] **say that.**
나 그거 못하겠어.   너 그런 말 하면 안 돼.

17 Interviews

메릴 스트립 인터뷰

"I know life is short, and I'm a lucky woman.
I think that you find your own way. You have your
own rules. You have your own understanding of
yourself, and that's what you're going to count on.
In the end, it's what feels right to you. Not what your
mother told you. Not what some actress told you.
Not what anybody else told you but the still, small
voice."

"The formula of happiness and success is just, being
actually yourself, in the most vivid possible way you
can."

"Put blinders on to those things that conspire to hold
you back, especially the ones in your own head."

★★★ ——————————————————————————————————

own 자기 자신의 count on 의지하다 formula 공식 vivid 선명한 blinder 눈 가리개 conspire
음모를 꾸미다 hold ~ back ~를 막다/제지하다

STEP 2
LISTENING 01

음원을 들으며 정확한 소리를 익혀 보세요. 아래
는 발음에 주의해야 할 표현입니다. 여기에 집중
해서 들어 보세요.

Not what anybody else told you
but the still, small voice.

STEP 3
SECOND
READING 01

해석을 확인하고, 왼쪽의 영문을 다시 읽어 보세
요. STEP 2에서 들었던 네이티브 발음을 떠올리
면서 최대한 비슷하게 소리 내서 읽어 봅시다.

"인생은 짧고, 그리고 저는 운이 좋은 여자라는 걸 저도 압니다. 저는 사람
은 자기의 길을 찾아간다고 생각해요. 자기만의 규칙을 가지고 말이죠.
내가 나를 이해하고, 그걸 믿고 의지하는 거예요. *count 아이하는 동사*
결국 자신에게 옳다고 느껴지는 게 뭔지가 중요하니까요. 엄마가 당신에
게 말한 것도 아니고, 어떤 배우가 당신에게 말해 준 것도 아니죠. 그 어느
누가 당신에게 말해 준 게 아니라, 고요하고 작은 (내면의) 목소리입니다."

"행복과 성공의 공식은 그저 진짜 당신 그 자체로 사는 거예요.
당신이 할 수 있는 최대한 분명한 방식으로 말이죠."

"당신을 막으려는 음모를 꾸미는 것들의 눈을 가리세요.
특히 당신 자신의 머릿속에 있는 것들을 말이에요."

"I know life is **short**,/ and I'm a **lucky** woman.
I think that/ you find your **own** way.
You have your **own** rules.
You have/ your **own** understanding of **yourself**,/
and **that's what** you're going to/ count on.
In the **end**,/ it's what feels **right** to you.
Not what your mother told you. **Not** what some
actress told you. **Not** what anybody else told you/
but the **still**,/ **small** voice."

"The **formula**/ of happiness and success is just,/
being **actually** yourself,/ in the **most** vivid possible
way/ you can."

"Put **blinders** on/ to those things/ that **conspire** to
hold you **back**,/ **especially** the ones in your own head."

PRONUNCIATION POINT

🎧 02 2번 따라읽기

음의 높이

문장에서 핵심 내용을 전달하는 내용어는 기능어보다 강조되므로 자연스레 음이 올라갑니다. 예를 들어 본문에 나온 '이게 아니라 저거다'라는 식의 대조 문장은 **not** 등의 부정어를 높은 음(higher pitch)으로 말하게 됩니다.

<u>Not</u> what anybody else told you
but the still, small voice.
그 어느 누가 당신에게 말한 것이 아니라, 고요하고 작은 목소리입니다.

<u>Not</u> this, but that!
이게 아니라 저거!

강세

본문에 나온 **life** 같은 1음절 단어는 발음기호에 강세 표기가 없기 때문에 [라이프]라고 읽기 쉽습니다. 하지만 1음절 단어도 중요한 의미를 가질 경우 강세 없이 읽으면 네이티브는 알아듣지 못할 가능성도 있습니다. 그래서 **life**나 **give**는 모음 **i**에 강세를 두고 읽어야 해요.

life [laɪf]
인생

give [gɪv]
주다

18 Well-known Sayings 01

마크 트웨인 명언

STEP 1
FIRST READING

아래 글을 먼저 눈으로 읽은 다음,
소리 내서 읽어 보세요.

"The secret of getting ahead is getting started."

"The human race has one really effective weapon, and that is laughter."

"There are basically two types of people. People who accomplish things, and people who claim to have accomplished things. The first group is less crowded."

"If it's your job to eat a frog, it's best to do it first thing in the morning. And if it's your job to eat two frogs, it's best to eat the biggest one first."

"Whenever you find yourself on the side of the majority, it is time to reform (or pause and reflect)."

"Don't part with your illusions. When they are gone, you may still exist, but you have ceased to live."

★★★

get ahead 앞서다/성공하다 race 인종 effective 효과적인 weapon 무기 accomplish 달성하다 claim 주장하다 crowded 사람으로 붐비는 majority 다수 pause 잠시 멈추다 reflect 숙고하다 part 헤어지다/갈라서다 illusion 환상/착각 cease 중단하다

STEP 2
LISTENING
01

음원을 들으며 정확한 소리를 익혀 보세요. 아래는 발음에 주의해야 할 표현입니다. 여기에 집중해서 들어 보세요.

group / frog / biggest

STEP 3
SECOND READING
01

해석을 확인하고, 왼쪽의 영문을 다시 읽어 보세요. STEP 2에서 들었던 네이티브 발음을 떠올리면서 최대한 비슷하게 소리 내서 읽어 봅시다.

"앞서가는 비밀은 시작하는 것이다."

"인류에게는 정말 효과적인 무기가 한 가지 있는데, 이는 바로 웃음이다."

"기본적으로 두 가지 타입의 사람들이 있다. 뭔가를 이루는 사람들과 뭔가를 이루었다고 주장하는 사람들. 첫 번째 그룹에 해당하는 사람은 별로 없다."

"만약 개구리를 먹는 게 당신이 해야 할 일이라면, 아침에 제일 먼저 해 버리는 게 낫다. 그리고 만약 개구리 두 마리를 먹는 게 당신의 일이라면, 가장 큰 것부터 먼저 먹는 게 최선이다."

"당신이 다수의 편에 서 있는 걸 발견한다면 그게 언제든지 그때가 바로 개혁을 할 순간이다. (또는 잠시 멈춰서 곰곰이 생각할 순간이거나)"

"당신의 환상을 버리지 마라. 그게 없어도 당신은 존재할 수는 있지만, '사는' 걸 중단하게 된다."

"The **secret** of getting **ahead** is/ getting **started**."

"The human race has/ one **really** effective weapon,/ and that is **laughter**."

"There are basically **two** types of people. People who **accomplish** things,/ and people who **claim**/ to have accomplished things. The **first** group is **less** crowded."

"If it's your job to eat a **frog**,/ it's best to do it/ **first** thing in the morning. And if it's your job/ to eat **two** frogs,/ it's best to eat the **biggest** one first."

"Whenever you find yourself/ on the side/ of the **majority**,/ it is time to **reform** (or pause and reflect)."

"Don't part/ with your **illusions**. When they are gone,/ you may still **exist**,/ but you have **ceased** to live."

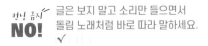

PRONUNCIATION POINT

🎧 02 2번 따라읽기

g 발음

g는 단어에 따라 그때그때 소리가 달라집니다. 소리가 달라지는 규칙이 있긴 하지만 예외도 있으니 단어마다 발음을 확인하는 게 중요해요. 여기서는 대표 적인 규칙만 알아보겠습니다.

▶ [지/쥐]

보통 g는 e, i, y와 만나 ge, gi, gy일 때 [지/쥐]에 가까운 소리가 납니다. j처럼 말이죠. 물론 get이나 give, biggest처럼 예외도 있으니 주의하세요.

age	**judge**	**gym**
나이	판사	체육관
ginger	**get**	**give**
생강	받다	주다

▶ [가/고/구]

g가 a, o, u와 만나 ga, go, gu일 때는 [가/고/구]에 가까운 소리가 납니다. 또한 frog나 egg처럼 단어의 끝 글자가 g일 때에는 [그] 소리가 나죠. 본문에 나온 group 역시 [그] 소리가 나는 예시입니다.

gate	**gum**	**gold**
문	잇몸	황금
frog	**egg**	**group**
개구리	계란	그룹

Well-known Sayings 02

유명인사 명언

STEP 1
FIRST READING

아래 글을 먼저 눈으로 읽은 다음,
소리 내서 읽어 보세요.

The beginning is the most important part of the work.
by Plato

Be yourself; everyone else is already taken.
by Oscar Wilde

Common-looking people are the best in the world.
That is the reason the Lord makes so many of them.
by Abraham Lincoln

The greatest glory in living lies not in never falling
but in rising every time we fall.   *by Nelson Mandela*

I didn't fail the test. I just found 100 ways to do it wrong.
by Benjamin Franklin

A conversation is a dialogue, not a monologue.
by Truman Capote

★ ★ ★ ──────────

fail 낙제/불합격하다 common-looking people 보통 사람들 the Lord 창조주/하느님 glory
영광 monologue 독백

STEP 2
LISTENING 01

음원을 들으며 정확한 소리를 익혀 보세요. 아래
는 발음에 주의해야 할 표현입니다. 여기에 집중
해서 들어 보세요.

*I didn't fail the test. / A conversation is a
dialogue, not a monologue.*

STEP 3
SECOND
READING 01

해석을 확인하고, 왼쪽의 영문을 다시 읽어 보세
요. STEP 2에서 들었던 네이티브 발음을 떠올리
면서 최대한 비슷하게 소리 내서 읽어 봅시다.

시작이 모든 일에서 가장 중요한 부분이다.   플라톤(고대 그리스 철학자)

너 자신이 되어라. 다른 사람의 자리는 이미 다 찼다.   오스카 와일드(소설가)

보통으로 보이는 사람이 이 세상에서 최고다.

그래서 신은 그런 사람을 많이 만드신다.   에이브러햄 링컨(제16대 미국 대통령)

인생 최고의 영광은 결코 쓰러지지 않는 것이 아니라

쓰러질 때마다 일어나는 것이다.   넬슨 만델라(정치인)

난 시험에서 떨어진 것이 아니다.

그저 시험을 그르치는 방법 100가지를 발견했을 뿐이다.   벤자민 프랭클린(정치인)

대화는 '대화'지 '독백'이 아니다.   트루먼 카포티(소설가)

/ 끊어 읽기 ⌣ 연음 굵은글자 강세

The **beginning** is/ the **most** important part/
of the work.
by Plato

Be **yourself**; everyone **else**/ is **already** taken.
by Oscar Wilde

Common-looking people/ are the **best** in the world.
That is the **reason**/ the Lord makes so **many** of them.
by Abraham Lincoln

The greatest **glory** in living/ lies not in **never** falling/
but in **rising**/ every time we fall.
by Nelson Mandela

I **didn't**/ fail the test.
I just **found** 100 ways/ to do it **wrong.**
by Benjamin Franklin

A conversation is a **dialogue**,/ **not** a monologue.
by Truman Capote

STEP 5
SHADOW SPEAKING

01

컨닝 금지
NO!
✓

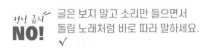

글은 보지 말고 소리만 들으면서
돌림 노래처럼 바로 따라 말하세요.

PRONUNCIATION POINT

🎧 02 2번 따라읽기

r과 l 발음

r과 l은 한국인을 비롯해 많은 비영어권 학습자가 발음하기 힘들어하는 소리입니다. 흔히 ㄹ처럼 발음하면 된다고 생각하기 쉽지만, r과 l은 각기 소리가 나는 조음 위치가 다르기 때문에 항상 ㄹ 소리가 나는 것은 아닙니다.

▶ r 발음하기
r은 혀를 말아서 입천장에 닿지 않는 상태로 발음하는 게 중요합니다.

rice
쌀

rose
장미

reason
이유

▶ l 발음하기
l은 혀를 꼿꼿하게 세워서 혀끝을 윗니 뒤에 살짝 대면서 나는 ㄹ 소리라고 보면 됩니다.

glory
영광

love
사랑

looking
~로 보이는

강세

not, never, neither 같은 부정어는 보통 강조해서 읽습니다. '무엇이 아니다'라는 핵심 의미를 제대로 전달하기 위해서죠.

I didn't fail the test.
난 시험에서 떨어진 게 아니었다.

20 A Few Good Men

영화 〈어 퓨 굿 맨〉

STEP 1
FIRST READING

아래 글을 먼저 눈으로 읽은 다음,
소리 내서 읽어 보세요.

Nathan: I'll answer the question. You want answers?

Daniel: I think I'm entitled to them.

Nathan: You want answers?

Daniel: I want the truth!

Nathan: You can't handle the truth! Son, we live in a world that has walls, and those walls have to be guarded by men with guns. Who's gonna do it? You? You, Lieutenant Weinberg? I have a greater responsibility than you can possibly fathom. You have the luxury of not knowing what I know.

* * *

be entitled to ~에 관한 권리를 부여 받다 **handle** 대처/처리하다 **guard** 지키다/경호하다
lieutenant 중위/소위 **fathom** 이해/간파하다 **luxury** 호사스러움

STEP 2
LISTENING

01

음원을 들으며 정확한 소리를 익혀 보세요. 아래는 발음에 주의해야 할 표현입니다. 여기에 집중해서 들어 보세요.

You want answers? / Who's gonna do it?

STEP 3
SECOND
READING

01

해석을 확인하고, 왼쪽의 영문을 다시 읽어 보세요. STEP 2에서 들었던 네이티브 발음을 떠올리면서 최대한 비슷하게 소리 내서 읽어 봅시다.

네이션: 내가 질문에 대답하지. 자네는 대답을 원하나?

대니얼: 저는 그럴 권리가 있다고 생각합니다.

네이션: 답을 원한다고?

대니얼: 저는 진실을 원합니다!

*son은 '자네/이봐'
정도로 해석*

네이션: 자네는 진실을 감당 못해! 이보게, 우린 벽이 있는 세상에 살고 있고 그 벽은 총을 가진 자들이 지켜야만 한다네. 누가 그 일을 할 건가? 자네? 자네 말인가, 와인버그 중위? 내 책임은 자네가 이해할 수 있는 것보다 더 크다고. 자네는 내가 아는 것을 모르는 호사를 누리고 있는 거야.

01

음원을 들으면서 돌림 노래처럼 바로 따라 읽으세요. 끊어 읽기, 연음, 강세에 집중해서 따라해 봅시다.

/ 끊어 읽기 ⌒ 연음 굵은글자 강세

Nathan: I'll **answer** the question. You want **answers**?

Daniel I think/ I'm **entitled** to them.

Nathan: You want **answers**?

Daniel I want the **truth**!

Nathan: You **can't** handle the truth!
Son,/ we live in a world/ that has **walls**,/
and **those** walls/ have to be **guarded**/
by men with guns. **Who**'s gonna do it?
You? You,/ Lieutenant **Weinberg**?
I have a **greater** responsibility/
than you can **possibly** fathom.
You have the **luxury**/ of **not** knowing/
what I know.

01

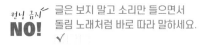

커닝 금지

NO!

글은 보지 말고 소리만 들으면서 돌림 노래처럼 바로 따라 말하세요.

PRONUNCIATION POINT

🎧 02 2번 따라읽기

상승 어조

의문문은 보통 말의 끝소리를 올리게 됩니다. 모든 의문문이 말끝을 올리는 건 아니지만 '예/아니요'라는 대답을 원하는 **YES/NO** 의문문은 말의 끝소리를 올립니다.

You want answers? ↗
대답을 원해?

Lieutenant Weinberg? ↗
와인버그 중위?

You want my opinion? ↗
내 의견을 알고 싶어?

EJ will do it? ↗
EJ가 그걸 할까?

하강 어조

의문문 중에서도 말끝을 내리는 경우가 있습니다. what/why/how/who 등 의문사로 시작하는 의문문은 위에 나온 **YES/NO** 의문문과 반대로 끝소리를 내려 말합니다.

Who's gonna do it? ↘
누가 그걸 할 건데?

What do you want? ↘
원하는 게 뭐야?

How are we gonna get there? ↘
거기에 우리가 어떻게 가지?

Why did you lie to me? ↘
너 왜 나한테 거짓말했어?

21 Breakfast at Tiffany's

영화 〈티파니에서 아침을〉

STEP 1
FIRST READING

아래 글을 먼저 눈으로 읽은 다음,
소리 내서 읽어 보세요.

You know what's wrong with you,
Miss Whoever-you-are?
You're chicken, you've got no guts.
You're afraid to stick out your chin and say,

"Okay, life's a fact, people do fall in love, people do
belong to each other because that's the only chance
anybody's got for real happiness."

You call yourself a free spirit, a "wild thing,"
and you're terrified somebody's gonna stick you
in a cage.
Well, baby, you're already in that cage.

* * *

gut (구어) 배짱/용기 stick (신체)를 내밀다 fall in love 사랑에 빠지다 belong to ~에 속하다 spirit
영혼 thing 사람/동물을 가리키는 말 terrified 공포에 질린 stick 집어넣다 cage (동물의) 우리/새장

STEP 2
LISTENING

01

음원을 들으며 정확한 소리를 익혀 보세요. 아래
는 발음에 주의해야 할 표현입니다. 여기에 집중
해서 들어 보세요.

you've got / anybody's got /
somebody's gonna

STEP 3
SECOND
READING

01

해설을 확인하고, 왼쪽의 영문을 다시 읽어 보세
요. STEP 2에서 들었던 네이티브 발음을 떠올리
면서 최대한 비슷하게 소리 내서 읽어 봅시다.

당신은 뭐가 문제인 줄 알아,

'이름도 모르는 여자'님?

영어에서 '닭'은 겁쟁이

당신은 겁쟁이야, 용기가 없어. 무서워서 고개 들고 이런 말도 못 하지.

"그래, 인생은 현실이야. 사람들은 사랑에 빠지기도 하고,

서로에게 속하기도 하지. 왜냐하면 그게 누구에게나 진짜 행복을

찾을 수 있는 유일한 기회거든."

당신은 스스로를 자유로운 영혼이나 '와일드'하다고 칭하지만,

누가 당신을 우리에 집어넣을까 봐 공포에 사로잡힌 거야.

이것 보세요, 아가씨. 당신은 이미 그 우리 안에 있는데 말이야.

말투에 따라 무례한 표현이 될 수 있음!

You know/ what's **wrong** with you,/
Miss **Whoever**-you-are?

You're **chicken**,/ you've got **no** guts.

You're afraid to **stick** out your **chin** and say,/

"Okay,/ life's a **fact**,/ people **do** fall in love,/
people **do** belong to each other/
because that's the **only** chance/ anybody's got/
for **real** happiness."

You call yourself a **free** spirit,/ a "**wild** thing,"/
and you're **terrified**/ somebody's gonna **stick** you
in a cage.

Well,/ baby,/ you're **already**/ in that cage.

PRONUNCIATION POINT

축약

한국어와 마찬가지로 영어도 일상에서는 말을 줄여서 쓰는 경우가 많습니다. 이를 축약(contraction)이라고 합니다. 미국 영어에서 이렇게 축약을 할 경우 t 발음에 특히 주의해야 합니다. t 소리가 약해지거나 아예 사라지는 경우도 많기 때문이죠. 예를 들어 isn't/can't/shouldn't 등 부정어 not이 축약된 형태일 때 그렇습니다. 특정 철자가 축약되면서 사라지면, 아예 다른 소리가 날 때도 있습니다. 아래에 축약된 발음을 한국어로 표기했습니다. 이것은 최대한 영어 발음 소리와 비슷하게 적은 것일 뿐이므로 실제 발음을 듣고 연습하는 것을 추천합니다.

what's [와츠] = **what is**
~은 무엇인가요

that's [댓츠] = **that is**
그것은 ~이다

you're [유어] = **you are**
당신은 ~이다

wanna [워너] = **want to**
~하고 싶다

kinda [카인더] = **kind of**
약간

isn't it? [이즈닛] = **is not it?**
그렇지 않아?

you've gotta go [유브가라고] = **you have got to go**
넌 가야 한다

somebody's gonna [썸바디스고나] = **somebody is going to**
누군가는 ~할 예정이다

anybody's got [애니바디스갓] = **anybody has got**
누구나 ~를 가졌다

4

문학을 읽자!
소설

The Little Prince

22

어린 왕자

STEP 1
FIRST READING

아래 글을 먼저 눈으로 읽은 다음,
소리 내서 읽어 보세요.

"I shouldn't have listened to her,"
he confided to me one day.

"The fact is that I did not know
how to understand anything!
I should have judged by actions and not by words.
She cast her fragrance and her radiance over me.
I shouldn't have run away from her...

I should have guessed all the affection that lay behind
her poor little scheme. Flowers are so inconsistent!
But I was too young to know how to love her..."

★★★

confide 털어놓다 one day 어느 날 judge 판단하다 cast 뿌리다/발하다 fragrance 향기 radiance 빛/광채 run away from ~로부터 달아나다 affection 애정 scheme 계략 inconsistent 일관성 없는

STEP 2
LISTENING

01

음원을 들으며 정확한 소리를 익혀 보세요. 아래는 발음에 주의해야 할 표현입니다. 여기에 집중해서 들어 보세요.

I shouldn't have listened to her. /
I should have judged by actions.

STEP 3
SECOND
READING

01

해석을 확인하고, 왼쪽의 영문을 다시 읽어 보세요. STEP 2에서 들었던 네이티브 발음을 떠올리면서 최대한 비슷하게 소리 내서 읽어 봅시다.

● "난 그녀의 말을 듣지 말았어야 했어."

어느 날 그(어린 왕자)가 나에게 속마음을 털어놓았다.

"사실 난 어떤 것에 대해 이해하는 방법을 몰랐어!

말이 아니라 행동을 보고 판단했어야 했는데. *should have P.P.*

그녀가 내게 뿜어낸 향기와 빛나던 광채 말이야.

나는 그녀에게서 도망치지 말았어야 했어….

그녀의 변변찮고 사소한 계략 뒤에 있던 그 모든 애정을

내가 눈치 챘어야 했는데. 꽃들은 정말 일관성이 없어!

하지만 나는 너무 어려서 그녀를 어떻게 사랑해야 하는지

알 수가 없었다고…." *too ~ to… / 너무 ~해서 …할 수 없다*

"I **shouldn't have** listened to her,"
he **confided** to me one day.

"The **fact** is that/ I did **not** know/
how to understand **anything!**

I **should have** judged/ by **actions**/ and **not** by words.

She cast her **fragrance**/ and her **radiance**/ over me.

I **shouldn't have** run away/ from her...

I **should have** guessed/ all the **affection**/
that lay behind her **poor** little **scheme.**

Flowers are so **inconsistent!**

But I was **too young**/ to **know** how to love her..."

STEP 5

SHADOW SPEAKING

01

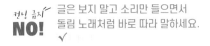

커닝 금지
NO!
✓

글은 보지 말고 소리만 들으면서
돌림 노래처럼 바로 따라 말하세요.
✓

PRONUNCIATION POINT

🎧 02 2번 따라읽기

축약

should have p.p.는 과거에 대한 후회를 나타내는 표현입니다. 보통 줄여서 should've p.p.라고 하고 전체를 짧게 연결해서 발음합니다. 참고로 should not의 축약형인 shouldn't의 경우 맨 끝의 t 소리가 거의 나지 않아요.

should have judged ➡ should've judged
판단했어야 했다

should not have run away ➡ shouldn't have run away
도망치지 말았어야 했다

I have been ➡ I've been　　**You have seen ➡ You've seen**
난 ~했다　　　　　　　　　　　　넌 ~을 봤다

강세

문장을 읽을 때는 보통 중요한 단어나 부정어를 강조합니다. 강조하는 말은 자연히 살짝 올라가는 톤으로 말하고, 그 다음 단어는 살짝 내려가는 톤이 됩니다. 단, 말하는 사람에 따라 강세를 두는 부분은 달라질 수 있습니다.

The fact is that I did not know.
사실 나는 알지 못했어.

The point is that I knew about it.
요점은 내가 그것에 대해 알고 있었다는 거야.

never on my side　　　　　**not by words**
절대 내 편이 아니다　　　　　　말로써가 아니라

23

Alice in Wonderland

이상한 나라의 앨리스

STEP 1
FIRST
READING

아래 글을 먼저 눈으로 읽은 다음,
소리 내서 읽어 보세요.

When I used to read fairy tales, I fancied that kind of thing never happened, and now here I am in the middle of one!

Alice: Would you tell me, please, which way I ought to go from here?

Cat: That depends a good deal on where you want to get to.

Alice: I don't much care where.

Cat: Then it doesn't matter which way you go.

Alice: So long as I get SOMEWHERE.

Cat: Oh, you're sure to do that, if you only walk long enough.

★★★

fairy tale 동화 **fancy** 상상/공상하다 **in the middle of** ~의 한가운데인 **depend on** ~에 달려
있다 **good deal** 상당히/많이 **care** 신경 쓰다 **matter** 중요하다 **so long as** ~하기만 한다면
somewhere 어딘가에

음원을 들으며 정확한 소리를 익혀 보세요. 아래는 발음에 주의해야 할 표현입니다. 여기에 집중해서 들어 보세요.

You're sure to do that,
if you only walk long enough.

해석을 확인하고, 왼쪽의 영문을 다시 읽어 보세요. STEP 2에서 들었던 네이티브 발음을 떠올리면서 최대한 비슷하게 소리 내서 읽어 봅시다.

나는 동화를 읽던 때에는 그런 일이 절대 일어나지 않을 거라고 상상했다. 그런데 지금 내가 동화의 한가운데에 있다니!

ought to = should

앨리스: 여기서 어느 길로 가야 하는지 제발 알려 주실래요?

고양이: 그건 네가 어디로 가고 싶은지에 달린 거지.

앨리스: 전 어디든 상관없어요.

고양이: 그럼 어느 길로 가든 상관없잖아. *so long as = as long as*

앨리스: 제가 '어딘가'에 도착하기만 한다면요.

고양이: 아, 그건 확실해. 네가 충분히 걷기만 한다면 말이야.

/ 끊어 읽기 ⌣ 연음 굵은글자 강세

When I used to read **fairy** tales,/ I **fancied**/
that kind of thing **never** happened,/
and now **here** I am/ in the middle of **one**!

Alice: Would **you** tell me, **please**,/
which way I ought to go/ from here?

Cat: That **depends**/ a good deal/
on where **you** want to get to.

Alice: I don't much care/ **where**.

Cat: Then/ it doesn't **matter**/ **which** way you go.

Alice: So long as I get/ **SOMEWHERE**.

Cat: Oh, you're **sure**/ to do **that**,/ if you **only** walk/
long enough.

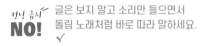

PRONUNCIATION POINT

끊어 읽기

긴 문장을 말할 때는 중간중간 말을 멈추고 숨을 쉰 뒤에 말을 이어 나가게 됩니다. 영어 문장의 끊어 읽기(pausing)는 말하는 사람의 편의는 물론이고 듣는 사람의 주의를 환기하는 효과가 있어요. 주로 절이나 강조하고 싶은 말 앞에서 끊어 읽습니다. 본문에는 주절과 명사절 사이를 끊거나 주절과 부사절 사이를 끊는 pausing이 많이 보이네요. 참고로 문장에 속한 하나의 의미 단위는 자연스럽게 연결해서 읽습니다.

It doesn't matter /(명사절 앞에서 끊기) **which way you go.**
네가 어느 방향으로 갈지는 중요하지 않잖아.

Can you show me /(명사절 앞에서 끊기) **what I can do?**
내가 할 수 있는 일이 뭔지 보여 줄래?

You're sure/ **to do that** /(부사절 앞에서 끊기) **if you only walk.**
네가 걷기만 한다면 그건 확실해.

I'll go /(부사절 앞에서 끊기) **if you go.**
네가 가면 나도 갈게.

What matters /(명사절 뒤에서 끊기) **is your safety.**
중요한 건 네 안전이지.

What I like/ (명사절 뒤에서 끊기) **is music.**
내가 좋아하는 건 음악이야.

24 Pride and Prejudice

오만과 편견

아래 글을 먼저 눈으로 읽은 다음,
소리 내서 읽어 보세요.

Pride is a very common failing, I believe.
Human nature is particularly prone to it,
and that there are very few of us
who do not cherish a feeling of self-complacency.

Vanity and pride are different things,
though the words are often used synonymously.
A person may be proud without being vain.
Pride relates more to our opinion of ourselves,
vanity to what we would have others think of us.
If I were as rich as Mr. Darcy, I should not care how
proud I was.

---

pride 자존심/자만심 failing 결점 nature 본성 particularly 특히 prone to ~하기 쉬운 cherish
소중히 하다 (self-)complacency 자기 만족 vanity 허영 synonymously 동의어로 vain 허영심
이 있는 relate to ~와 관련되다

STEP 2
LISTENING 01

음원을 들으며 정확한 소리를 익혀 보세요. 아래는 발음에 주의해야 할 표현입니다. 여기에 집중해서 들어 보세요.

vanity / synonymously / ourselves

STEP 3
SECOND READING 01

해석을 확인하고, 왼쪽의 영문을 다시 읽어 보세요. STEP 2에서 들었던 네이티브 발음을 떠올리면서 최대한 비슷하게 소리 내서 읽어 봅시다.

나는 자만이 아주 흔한 결점이라고 생각해.
특히 사람은 본능적으로 그런 경향이 있잖아.
우리 중에 자기 만족이라는 감정을 소중하게 여기지 않을 사람은
별로 없을 테니까.

*who로 어떤
사람인지 설명*

허영과 자만은 다른 거야. 그 단어들이 자주 같은 의미로 쓰이기는
하지만 말이야. 사람은 허영심 없이 자만심을 가질 수도 있어.
자만은 우리 자신에 대한 스스로의 평가와 더 관련이 있지.
허영은 다른 사람이 우리를 생각하는 것에 달린 거고 말이야.
내가 다아시 씨처럼 부자라면 나는 얼마나 내가 자만했었는지
신경 쓰지 않았을 거야.

Pride is a very **common** failing,/ I believe.

Human nature is **particularly**/ **prone** to it,/
and that there are **very few** of us/ who do **not** cherish/
a feeling of self-**complacency**.

Vanity and pride/ are **different** things,/
though the words are/ often used synonymously.

A person may be **proud**/ **without** being **vain**.

Pride relates **more**/ to **our** opinion/ of ourselves,
vanity to/ what **we** would have/ **others** think of us.

If I were/ as rich as Mr. **Darcy**,/ I should **not** care/
how **proud** I was.

STEP 5
SHADOW
SPEAKING

01

커닝 금지
NO!
✓

글은 보지 말고 소리만 들으면서
돌림 노래처럼 바로 따라 말하세요.

PRONUNCIATION POINT

∩ 02 2번 따라읽기

긴 단어

영어 단어는 기본적으로 자음(**consonant**)과 모음(**vowel**)이 만나 하나의 음절(**syllable**)을 이룹니다. 음절이 여러 개인 긴 단어는 발음하기 어렵게 느껴질 수 있습니다. 그럴 땐 일단 음절별로 잘라 봅시다. 단어를 외울 때 몇 음절 단어인지 음절별로 어떤 소리가 나고 어디에 강세가 있는지 영어사전에서 찾아보는 것이 좋습니다.

our-selves 2음절 (2 syllables)
우리 자신

van-i-ty 3음절 (3 syllables)
허영

in-de-pend-ence 4음절 (4 syllables)
독립

syn-on-y-mous-ly 5음절 (5 syllables)
동의어로

출처: howmanysyllables.com

강세

문장 안에서 가장 핵심적인 의미를 가진 내용어는 보통 강조해서 읽어요.
아래에서 색자로 표기된 부분은 내용어를 뜻합니다.

others **think of us**
다른 사람들이 우리를 생각하다

Love means sacrifice.
사랑은 희생을 의미한다.

I gave you **the** money.
내가 너에게 돈을 줬잖아.

The Book of Ecclesiastes

성경 – 전도서

아래 글을 먼저 눈으로 읽은 다음,
소리 내서 읽어 보세요.

I have seen something else under the sun:
The race is not to the swift
or the battle to the strong,
nor does food come to the wise
or wealth to the brilliant
or favor to the learned;
but time and chance happen to them all.
Moreover, no one knows when their hour will come.

Anyone who is among the living has hope–
even a live dog is better off than a dead lion!

The Book of Ecclesiastes 9:10~12

★★★

race 경주 swift 재빠른 battle 전투 wise 현명한 wealth 부/재산 brilliant 뛰어난 favor 호의
chance 기회 happen 발생하다 moreover 게다가 among ~중에 better off 형편이 더 나은

STEP 2
LISTENING
01

음원을 들으며 정확한 소리를 익혀 보세요. 아래는 발음에 주의해야 할 표현입니다. 여기에 집중해서 들어 보세요.

The race is not to the swift
or the battle to the strong.

STEP 3
SECOND
READING
01

해석을 확인하고, 왼쪽의 영문을 다시 읽어 보세요. STEP 2에서 들었던 네이티브 발음을 떠올리면서 최대한 비슷하게 소리 내서 읽어 봅시다.

나는 태양 아래 다른 것도 보았다.

빠른 사람이 경주를 이기는 게 아니고

힘이 세다 하여 싸움을 이기는 것도 아니고

먹을 것이 지혜로운 자에게 가는 것도 아니며

부가 뛰어난 자에게 가는 것도 아니고

좋은 일이 배운 자에게 가는 것도 아니더라.

하지만 때와 기회가 그들 모두에게 발생하더라.

게다가 아무도 그때가 언제 올지 모른다.

살아 있는 사람이라면 누구든지 희망을 가지고 있다.

심지어 살아 있는 개가 죽은 사자보다 더 낫다!

전도서 9장 10~12절

is not이 생략된 문장

the+형용사는 '~한 사람들'

/ 끊어 읽기 ⤵ 연음 **굵은글자** 강세

I have seen/ something **else**/ under the sun:

The **race** is **not**/ to the **swift**/

or the **battle**/ to the **strong**,/

nor does **food** come/ to the **wise**/

or **wealth**/ to the **brilliant**/

or **favor**/ to the **learned**;

but **time and chance** happen/ to them **all**.

Moreover,/ **no** one knows/ when their **hour** will come.

Anyone who is among the **living**/ has **hope**/

—even a **live** dog is **better** off/ than a **dead** lion!

STEP 5
SHADOW SPEAKING
01

커닝 금지 글은 보지 말고 소리만 들으면서
NO! 돌림 노래처럼 바로 따라 말하세요.
✓

PRONUNCIATION POINT

끊어 읽기

의미 단위로 끊어 읽기는 이제 익숙해졌을 겁니다. 본문에 나온 **under the sun**과 같은 [전치사+명사] 조합은 이렇게 한 덩어리가 하나의 의미를 만들기 때문에 연결해서 읽습니다. 하나의 의미 단위를 읽은 후에 짧게 숨을 쉽니다. 의식해서 너무 오래 쉬지 않도록 주의하세요.

I saw the man/ with the dog.
나는 개를 데리고 있는 남자를 봤다.

The package came/ in a big box.
큰 상자에 담긴 택배가 왔다.

강세

문장에서 어떤 단어를 힘주어 말하면 말에 리듬이 생기게 됩니다. 원어민이 영어로 말하는 걸 들으면서 이런 리듬감을 느껴본 적이 있을 거예요. 본문에서는 부정어와 특정 사람들을 지칭하는 표현이 중요한 의미를 가지고 있기 때문에 그 부분에 강세를 두고 읽어야 합니다.

the race is not to the swift or the battle to the strong
빠른 사람이 경주를 이기는 게 아니고 힘이 세다 하여 싸움을 이기는 것도 아니다

nor does food come to the wise or wealth to the brilliant
먹을 것이 지혜로운 자에게 가는 것도 아니며 부가 뛰어난 자에게 가는 것도 아니다

I love you, not him.
나는 그 사람이 아니라 널 사랑해.

26 The Gift of the Magi

오 헨리의 크리스마스 선물

FIRST READING

아래 글을 먼저 눈으로 읽은 다음,
소리 내서 읽어 보세요.

Tomorrow would be Christmas Day.

Della had only $1.87 with which to buy Jim a present.
She had been saving every penny she could for months,
with this result.

Twenty dollars a week doesn't go far.
Expenses had been greater than she had calculated.
They always are.
Only $1.87 to buy a present for Jim. Her Jim.

Many happy hours, she had spent planning for
something nice for him.

Something fine and rare and sterling.

* * *

save 돈을 모으다 penny 영국의 동전 단위. 미국 달러로는 1센트 expense 지출/비용 calculate
계산하다 rare 흔하지 않은 sterling 뛰어난/훌륭한

STEP 2
LISTENING

01

음원을 들으며 정확한 소리를 익혀 보세요. 아래
는 발음에 주의해야 할 표현입니다. 여기에 집중
해서 들어 보세요.

Twenty dollars a week doesn't go far. /
Only $1.87 to buy a present for Jim.

STEP 3
SECOND
READING

01

해석을 확인하고, 왼쪽의 영문을 다시 읽어 보세
요. STEP 2에서 들었던 네이티브 발음을 떠올리
면서 최대한 비슷하게 소리 내서 읽어 봅시다.

내일이 바로 크리스마스 날이다.

델라에게는 짐에게 선물을 사 줄 돈이 단돈 1달러 87센트뿐이었다.

그녀가 몇 달 동안이나 한 푼까지 전부 모아왔던 것이 이런 결과였다.

일주일에 20달러는 오래가지 않는다.

지출은 그녀가 계산했던 것보다 크다. 항상 그렇다.

짐에게 선물을 사 줄 단돈 1달러 87센트. 그녀의 짐.

그녀는 그에게 뭔가 좋은 것을 사 주려고 많은 시간을 행복하게

계획을 짜며 보냈다.

멋지고, 귀하고, 뛰어난 무언가.

-thing은 형용사가
뒤에서 꾸며 준다!

Tomorrow would be/ **Christmas** Day.

Della had **only** $1.87/ with which to buy Jim a present.

She had been saving **every** penny/ she could for months,/ with this result.

Twenty dollars a week/ doesn't go far.

Expenses had been **greater**/ than she had calculated.

They **always** are.

Only $1.87/ to buy a present/ for Jim. Her Jim.

Many happy hours,/ she had spent planning/ for something **nice**/ for him.

Something **fine**/ and **rare**/ and **sterling**.

STEP 5
SHADOW SPEAKING
01

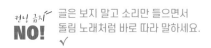

커닝 금지

NO!
✓

글은 보지 말고 소리만 들으면서 돌림 노래처럼 바로 따라 말하세요.

PRONUNCIATION POINT

강세

문장에서 중요한 의미를 가지고 있는 부사와 형용사는 강조해서 읽습니다.
그래서 일반적으로 only/always/every/비교급 표현은 늘 강조해서 읽고,
[something 형용사(~한 어떤 것)]에서는 형용사를 항상 강조해서 읽습니다.

only $1.87
단돈 1달러 87센트

only you
오직 당신만

saving every penny
모든 돈을 다 저축하여

they always are
그것들은 언제나 그런다

something big
뭔가 커다란 것

숫자

시간이나 숫자는 언제나 중요한 내용이기 때문에 강조해서 읽으세요. 두 자리
숫자는 십 단위(**10 ten**, **20 twenty**, **30 thirty**, **40 forty**, **50 fifty**)로 읽고,
세 자리 숫자는 백 단위(**hundred**)로 읽으면 됩니다. **thirty**, **forty**, **fifty**처럼
십 단위 숫자는 첫 음절에 강세가 옵니다. **thirteen**, **fourteen**, **fifteen**처럼
13부터 19까지는 **-teen**에 강세가 옵니다.

1.87 one point eighty seven

18.7 eighteen point seven

180 one hundred eighty

187 one hundred eighty seven

The Great Gatsby

위대한 개츠비

STEP 1
FIRST READING

아래 글을 먼저 눈으로 읽은 다음,
소리 내서 읽어 보세요.

In my younger and more vulnerable years, my father gave me some advice that I've been turning over in my mind ever since.

He told me, "Whenever you feel like criticizing any one, just remember that. All the people in this world haven't had the advantages that you've had."

He didn't say any more but we've always been unusually communicative in a reserved way, and I understood that he meant a great deal more than that. In consequence I'm inclined to reserve all judgments.

* * *

vulnerable 연약한/상처받기 쉬운 turn over 곰곰히 생각하다 ever since 그 이후로 쭉 criticize 비난하다 advantage 혜택 communicative 말을 잘 하는 reserved 말이 없는 in consequence 그 결과 inclined ~하는 경향이 있는 reserve 보류/유보하다 judgment 판단

STEP 2
LISTENING
01

음원을 들으며 정확한 소리를 익혀 보세요. 아래는 발음에 주의해야 할 표현입니다. 여기에 집중해서 들어 보세요.

All the people in this world haven't had the advantages that you've had.

STEP 3
SECOND READING
01

해석을 확인하고, 왼쪽의 영문을 다시 읽어 보세요. STEP 2에서 들었던 네이티브 발음을 떠올리면서 최대한 비슷하게 소리 내서 읽어 봅시다.

내가 더 어리고 마음이 약했던 시절에 아버지가 나에게 해 주셨던 충고를 그 후로도 내내 나는 마음속에서 되새기고 있다.

아버지는 말씀하셨다. "네가 다른 사람을 비난하고 싶을 때마다 이걸 기억해라. 이 세상 모든 사람이 다 네가 누려 온 혜택을 누리는 건 아니라는 것을 알이다."

아버지는 더 말씀하지 않으셨지만, 우리는 항상 말을 하지 않고도 독특하게 의사소통을 했기 때문에 나는 아버지가 말씀하신 것 이상의 깊은 뜻을 의미하셨다는 걸 이해했다. 결과적으로 난 모든 판단을 보류하는 성향이 되었다.

01

음원을 들으면서 돌림 노래처럼 바로 따라 읽으세요. 끊어 읽기, 연음, 강세에 집중해서 따라해 봅시다.

/ 끊어 읽기　⌣ 연음　굵은글자 강세

In my **younger** and more **vulnerable** years,/
my father gave me **some** advice/
that I've been turning **over**/ in my mind **ever** since.

He told me,/
"**Whenever** you feel like **criticizing** any one,/
just remember that.
All the people in this world/
haven't had the **advantages**/ that you've had."

He **didn't** say any more/
but we've **always** been/ **unusually** communicative/
in a **reserved** way/ and I understood that/
he meant a great deal/ more than that.
In **consequence**/ I'm **inclined** to/
reserve **all** judgments.

01

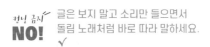

커닝 금지
NO!　✓

글은 보지 말고 소리만 들으면서 돌림 노래처럼 바로 따라 말하세요.

PRONUNCIATION POINT

🎧 02 2번 따라읽기

축약

일상에서는 현재완료의 have나 not 등의 부정을 그대로 말하기보다 줄여서 말
하고, 줄인 부분에는 강세를 두지 않아요. 특히 **haven't**나 **didn't** 끝에 나오는
t 발음은 아주 약하기 때문에 거의 들리지 않죠. 이 부분을 자연스럽게 흘리듯
이 말하는 연습을 해 봅시다.

I have ➡ **I've**
나는 ~했다

I have had ➡ **I've had**
나는 가졌다

I have not had ➡ **I haven't had**
나는 가진 적이 없다

I did not ➡ **I didn't**
나는 ~하지 않았다

She doesn't listen.
그녀는 듣지를 않아.

My husband hasn't heard.
내 남편은 듣지 못했어.

긴 단어

음절이 여러 개인 긴 단어는 한 음절씩 자르고, 가장 세게 읽어야 할 강세의 위치
를 확인한 다음에 반복해서 읽어 보세요.

ad-van-tage 3음절 (3 syllables)
혜택

crit-i-ciz-ing 4음절 (4 syllables)
비판하는 것

vul-ner-a-ble 4음절 (4 syllables)
연약한

com-mu-ni-ca-tive 5음절 (5 syllables)
의사소통의

출처: howmanysyllables.com

5
PART

지혜를 읽자!
이솝 이야기

28 The Young Crab and His Mother

꼬마 게와 엄마 게

STEP 1
FIRST READING

아래 글을 먼저 눈으로 읽은 다음,
소리 내서 읽어 보세요.

"Why in the world do you walk sideways like that?"
said a Mother Crab to her son.

"You should always walk straight forward with your
toes turned out."

"Show me how to walk, mother dear,"
answered the little Crab obediently, "I want to learn."

So the old Crab tried and tried to walk straight forward.
But she could walk sideways only, like her son.
And when she wanted to turn her toes out, she tripped
and fell on her nose.

★ ★ ★

why in the world 도대체 왜 sideways 옆으로 straight 똑바로 forward 앞으로 toe 발가락
turn out 바깥쪽으로 향하다 obediently 순종적으로 trip 발이 걸려 넘어지다 fall 넘어지다

STEP 2
LISTENING
01

음원을 들으며 정확한 소리를 익혀 보세요. 아래는 발음에 주의해야 할 표현입니다. 여기에 집중해서 들어 보세요.

Why in the world do you
walk sideways like that?

STEP 3
SECOND
READING
01

해석을 확인하고, 왼쪽의 영문을 다시 읽어 보세요. STEP 2에서 들었던 네이티브 발음을 떠올리면서 최대한 비슷하게 소리 내서 읽어 봅시다.

● "넌 도대체 왜 그렇게 옆으로 걷는 거니?"

엄마 게가 아들에게 말했어요.

'~한 채로'는
[with+목적어+목적보어]

"항상 앞으로 똑바로 걸어야지, 발가락을 바깥으로 향하게 해서."

"어떻게 걷는 건지 보여 주세요, 친애하는 어머니."

문어체 표현

어린 게가 순종적으로 대답했어요. "배우고 싶어요."

그래서 어른 게는 앞으로 똑바로 걸으려고 애쓰고 또 애썼어요.

하지만 옆으로 걸을 수밖에 없었죠. 자기 아들처럼요.

그리고 발가락을 바깥으로 뻗으려 하다가

그만 발이 걸려 코를 박고 넘어지고 말았어요.

"**Why** in the world/ do you walk **sideways**/ like that?" said a Mother Crab/ to her son.

"You should **always** walk/ straight **forward**/ with your toes turned **out**."

"Show me **how** to walk,/ mother dear," answered the little Crab obediently,/ "I **want** to learn."

So the old Crab **tried and tried**/ to walk straight **forward**.

But she could walk/ sideways **only**,/ like her son.

And when she wanted to turn her toes **out**,/ she tripped and **fell** on her nose.

STEP 5
SHADOW SPEAKING
01

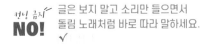

커닝 금지 글은 보지 말고 소리만 들으면서
NO! 돌림 노래처럼 바로 따라 말하세요.

PRONUNCIATION POINT

∩ 02 2번 따라읽기

w 발음

w 발음은 쉽다고 생각하는 사람이 많습니다. 그런데 w 발음도 비영어권 학습자가 가장 크게 실수하는 영어 발음 중 하나입니다. 보통 [우] 소리를 내기 쉬운데 실제로는 조금 다릅니다. 큰 알사탕을 입에 물고 있는 것처럼 입안을 동그랗게 모으고, [우워]에 가까운 소리를 내야 그나마 비슷해져요. w가 들어가는 단어에 따라 [흐] 소리가 날 때도 있으니 주의해야 합니다.

▶ [워] 소리가 나는 경우
입을 위아래로 벌려서 [워]에 가까운 소리를 만듭니다.

why
왜

what
무엇

with
~와 함께

white
하얀

walk
걷다

▶ [흐] 소리가 나는 경우
주로 wh 형태일 때 [흐] 소리가 납니다.

who
누구

whose
누구의

whoever
누구든

whom
누구를

whole
전체의

29 The Goose That Laid the Golden Egg

황금알을 낳는 거위

There was once a countryman who possessed the most wonderful Goose, and she had laid a beautiful, glittering golden egg.

The countryman took the eggs to market and soon began to get rich. But it was not long before he grew impatient with the Goose because she gave him only a single golden egg a day.

Then one day, after he had finished counting his money, the idea came to him that he could get all the golden eggs at once by killing the Goose and cutting it open. But when the deed was done, not a single golden egg did he find, and his precious Goose was dead.

* * *

possess 소유하다 glittering 반짝거리는 impatient 조바심을 내는 deed 행위 precious 소중한

음원을 들으며 정확한 소리를 익혀 보세요. 아래는 발음에 주의해야 할 표현입니다. 여기에 집중해서 들어 보세요.

after he had finished / by killing the Goose / when the deed was done

해석을 확인하고, 왼쪽의 영문을 다시 읽어 보세요. STEP 2에서 들었던 네이티브 발음을 떠올리면서 최대한 비슷하게 소리 내서 읽어 봅시다.

옛날에 아주 멋진 거위를 가진 한 농부가 있었습니다. 그 거위는 아름답고 반짝거리는 황금알을 낳았습니다.

농부는 알을 시장에 가져갔고 금방 부자가 되기 시작했어요. 하지만 머지않아 그는 조바심이 났어요. 거위가 알을 하루에 딱 하나만 낳았거든요.

ⓔ [grow/get+형용사]는 '~하게 되다'

ⓔ 영어의 무생물 주어

그러던 어느 날 돈 세는 것을 마친 농부에게 어떤 생각이 떠올랐어요. 거위를 죽여서 배를 가르면 황금알 전부를 즉시 가질 수 있을 거라는 생각 말이죠. 하지만 일을 저지르고 보니 그는 단 한 개의 황금알도 찾지 못했습니다. 그리고 그의 소중한 거위는 죽고 말았어요.

There was once a **countryman**/ who possessed the **most wonderful** Goose,/ and she had laid a **beautiful**,/ **glittering golden** egg.

The countryman took the **eggs**/ to market/ and soon began to get **rich**. But it was **not long**/ before he grew **impatient**/ with the **Goose**/ because she gave him/ **only** a single golden egg a day.

Then **one** day,/ after he had finished/ **counting** his money,/ the **idea** came to him/ that he could get **all** the golden eggs/ at **once**/ by **killing** the Goose/ and cutting it **open**. But when the **deed** was done,/ **not** a single golden egg/ did he find,/ and his **precious** Goose/ was dead.

STEP 5
**SHADOW
SPEAKING** 01

컨닝 금지
NO! 글은 보지 말고 소리만 들으면서 돌림 노래처럼 바로 따라 말하세요.

PRONUNCIATION POINT

🎧 02 2번 따라읽기 □ □ □

끊어 읽기

소설이나 이솝 이야기에 나오는 긴 문장은 끊어 읽기에 따라 느낌이 달라 질 수 있습니다. 긴 문장을 읽을 때는 기본적으로 주절에 붙은 부사절/명사절/형용사절 앞에서 끊어 읽는 게 좋습니다. 여기서는 부사절과 부사구 앞에서 끊어 읽는 것을 살펴 보겠습니다.

▶ 부사절 앞에서 끊어 읽기

부사절 몇 가지만 짚어 보겠습니다. 이유를 나타내는 [because 주어+동사], 시간을 나타내는 [when 주어+동사], [before 주어+동사], [after 주어+동사] 등은 그 앞에서 끊어 읽습니다.

because she gave him
그녀가 그에게 주었기 때문에

when the deed was done
행동이 행해졌을 때

before he comes
그가 오기 전에

after he had finished
그가 끝낸 후에

▶ 부사구 앞에서 끊어 읽기

[전치사+명사]로 이루어진 '부사구'는 문장의 내용을 자세하게 알려 주는 역할을 합니다. 이런 부사구 앞에서는 끊어 읽는 게 좋습니다.

by killing the Goose
거위를 죽임으로써

for getting the money
돈을 받으려고

in front of the house
집 앞에서

with the Goose
거위와 관련해서

30 The Peacock and the Crane

공작과 두루미

STEP 1
FIRST READING

아래 글을 먼저 눈으로 읽은 다음,
소리 내서 읽어 보세요.

A Peacock, puffed up with vanity, met a Crane one day, and to impress him, spread his gorgeous tail in the sun.

"Look," he said.
"What have you to compare with this?
I am dressed in all the glory of the rainbow while your feathers are gray as dust!"

The Crane spread his broad wings and flew up toward the sun. "Follow me if you can," he said.
But the Peacock stood where he was among the birds of the barnyard while the Crane soared in freedom far up into the blue sky.

* * *

puffed up 부풀어 오른/잘난 체하는 vanity 허영 impress 좋은 인상을 남기다 spread 펼치다
gorgeous 멋진 compare with ~와 비교하다 glory 찬란함 feather 깃털 barnyard 농장의
마당 soar (하늘 높이) 날아오르다

STEP 2
LISTENING

01

음원을 들으며 정확한 소리를 익혀 보세요. 아래는 발음에 주의해야 할 표현입니다. 여기에 집중해서 들어 보세요.

peacock / spread / broad

STEP 3
SECOND READING

01

해석을 확인하고, 왼쪽의 영문을 다시 읽어 보세요. STEP 2에서 들었던 네이티브 발음을 떠올리면서 최대한 비슷하게 소리 내서 읽어 봅시다.

허영에 부푼 공작이 어느 날 두루미를 만났습니다.
공작은 두루미에게 강렬한 인상을 남기려고 멋진 꼬리를
햇빛에 펼쳐 보였죠.

"봐라," 그가 말하길, "이거에 비교할 만하게 네가 가진 건 뭐니?
난 온갖 무지개 색깔의 찬란한 옷을 입있어.
네 깃털은 먼지처럼 잿빛인데 말이야!"

두루미는 넓은 날개를 펴고 태양을 향해 날아갔어요.
"할 수 있으면 따라와 봐." 그가 말했어요.
하지만 공작은 마당에서 다른 새들과 함께 서 있었습니다.
반면에 두루미는 자유롭게 멀리 푸른 하늘로 높이 날아올랐어요.

A **Peacock**,/ puffed up with **vanity**,/ met a Crane one day,/ and to **impress** him,/ spread his **gorgeous** tail/ in the sun.

"**Look**," he said.
"What have **you**/ to **compare** with this?
I am dressed/ in **all** the glory/ of the **rainbow**/ while your feathers are **gray** as dust!"

The Crane spread his **broad** wings/ and flew **up**/ toward the sun.
"Follow me if you can," he said.
But the Peacock **stood**/ where he was/ among the birds/ of the barnyard/ while the **Crane** soared in **freedom**/ far **up** into the **blue** sky.

🎧 02 2번 따라읽기

p와 b 발음

p와 b는 모두 양순음입니다. 양순음이란 윗입술과 아랫입술을 동시에 움직일 때 그 사이에서 나는 소리를 말합니다. 이때 성대가 울리지 않는 무성음인 p와 성대가 울리는 유성음인 b로 나누어지는 것이죠.

▶ p 발음하기

p 발음은 한국어 ㅍ과 비슷한 소리가 납니다. 손바닥을 입 앞에 댔을 때 바람이 느껴질 정도로 센 소리라고 할 수 있습니다. s가 붙어서 sp일 때는 ㅃ 소리에 가깝다는 것에 주의하세요.

peacock
공작새

pain
고통

spinach
시금치

spread
펼치다

▶ b 발음하기

b는 p와 같이 위아래 입술을 맞부딪히면서 내는 소리입니다. 한국어 ㅂ과 비슷하지만 더 깊게 울리는 소리라고 할 수 있어요.

bird
새

broad
넓은

bite
물다

burger
햄버거

31 The Ant and the Dove

개미와 비둘기

STEP 1
FIRST READING

아래 글을 먼저 눈으로 읽은 다음,
소리 내서 읽어 보세요.

A Dove saw an Ant fall into a brook.
The Ant struggled in vain to reach the bank, and in pity, the Dove dropped a blade of straw close beside it.

Clinging to the straw like a shipwrecked sailor to a broken spar, the Ant floated safely to shore.

Soon after, the Ant saw a man getting ready to kill the Dove with a stone.
But just as he cast the stone, the Ant stung him in the heel so that the pain made him miss his aim, and the startled Dove flew to safety in a distant wood.

★ ★ ★

brook 시내/개울 **struggle** 애쓰다 **in vain** 실패로 **bank** 둑/경사지 **in pity** 불쌍히 여겨 **blade** 이파리 한 가닥 **straw** 짚 **cling** 꼭 붙잡다 **shipwreck** 난파되다 **spar** 돛대의 재료 **float** 떠다니다 **shore** 기슭 **cast** 던지다 **sting** (곤충/식물이) 쏘다/찌르다 **startled** 깜짝 놀란

음원을 들으며 정확한 소리를 익혀 보세요. 아래는 발음에 주의해야 할 표현입니다. 여기에 집중해서 들어 보세요.

struggled / straw / shipwrecked

STEP 3
SECOND READING

01

해석을 확인하고, 왼쪽의 영문을 다시 읽어 보세요. STEP 2에서 들었던 네이티브 발음을 떠올리면서 최대한 비슷하게 소리 내서 읽어 봅시다.

● 한 비둘기가 개울에 빠진 개미를 보았습니다.

개미는 언덕에 닿아 보려고 발버둥쳤으나 허사였고, 이를 불쌍히 여긴

비둘기는 그 가까운 곳에 지푸라기 한 가닥을 떨어뜨렸어요.

부러진 돛대에 매달린 난파선의 선원처럼 지푸라기에 매달린 개미는

무사히 기슭으로 떠내려갔습니다.

머지않아 개미는 어떤 사람이 돌로 비둘기를 잡으려고

준비하는 것을 보았어요. 하지만 그가 돌을 던지려는 순간

개미가 그의 발꿈치를 찔렀고

그 통증 때문에 그는 표적을 놓쳤어요.

깜짝 놀란 비둘기는 안전하게 먼 숲으로 날아갔습니다.

/ 끊어 읽기 ⌣ 연음 **굵은글자** 강세

● A **Dove** saw an **Ant**/ fall into a **brook**.

The Ant **struggled**/ in vain to reach the **bank**,/ and in **pity**,/ the Dove dropped a **blade** of straw/ close **beside** it.

Clinging to the straw/ like a shipwrecked **sailor**/ to a **broken** spar,/ the Ant floated **safely**/ to shore.

Soon **after**,/ the Ant saw a **man**/ getting ready to **kill** the Dove/ with a **stone**.

But **just** as he cast the **stone**,/ the **Ant** stung him/ in the **heel**/ so that the **pain** made him/ **miss** his aim,/ and the **startled** Dove flew/ to **safety**/ in a **distant** wood.

STEP 5
SHADOW SPEAKING

01

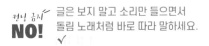

커닝 금지
NO!
✓

글은 보지 말고 소리만 들으면서 돌림 노래처럼 바로 따라 말하세요.

⌒02 2번 따라읽기

s 와 sh 발음

s와 sh는 단순하게 생각하자면 ㅅ과 비슷한 소리라고 볼 수 있습니다. 그렇지만 각각 소리를 내는 방법이 다르기 때문에 실제 소리도 다릅니다.

▶ s 발음하기

s는 ㅅ과 비슷한 소리만 날 것이라고 생각하기 쉽죠. 하지만 s가 들어간 단어마다 소리가 다를 수 있습니다. syrup이나 sea처럼 ㅆ 소리가 날 때도 많으니 읽을 때 주의가 필요합니다.

struggle
버둥거리다

straw
지푸라기

syrup
시럽

sea
바다

▶ sh 발음하기

sh는 바람이 빠지는 소리라고 생각하세요. 입술을 동그랗게 모은 상태에서 앞으로 내밀며 조용히 하라는 듯이 [쉬] 소리를 내면 됩니다.

she
그녀

shipwrecked
조난을 당한

shoulder
어깨

shell
껍데기

32 The Stag and His Reflection

수사슴과 그의 반사된 모습

A Stag, drinking from a crystal spring, saw himself mirrored in the clear water. He greatly admired the graceful arch of his antlers, but he was very much ashamed of his spindling legs.

At that moment, he scented a Panther and started to run away. But as he ran, his wide-spreading antlers got caught in the branches of the trees, and soon the Panther overtook him.

Then, the Stag perceived that the legs of which he was so ashamed would have saved him had it not been for the useless antlers.

★ ★ ★

crystal spring 수정처럼 맑은 샘 clear 맑은 admire 감탄하다 arch 활 모양 antler 사슴의 뿔
spindling 가늘고 긴 scent 냄새를 맡다 panther 흑표범 overtake 덮치다 perceive 이해하다

crystal / clear / graceful / perceived

STEP 3
SECOND
READING

01

해석을 확인하고, 왼쪽의 영문을 다시 읽어 보세
요. STEP 2에서 들었던 네이티브 발음을 떠올리
면서 최대한 비슷하게 소리 내서 읽어 봅시다.

수사슴이 수정처럼 맑은 샘에서 물을 마시다가 깨끗한 물에 반사된 자기 모습을 보았어요. 그는 우아하게 활처럼 뻗은 자기의 뿔에는 너무나 감탄 했지만, 가늘고 긴 다리는 너무나 부끄러웠어요.

그때 사슴은 표범의 냄새를 맡았고 달아나기 시작했죠. 하지만 뛰는 사이 넓게 퍼진 뿔이 나뭇가지에 걸렸고 곧 표범이 그를 덮쳤어요.

그제서야 수사슴은 그의 쓸모 없는 뿔만 아니었더라면, 그가 그토록 부끄 러워했던 다리가 자신을 구할 수도 있었음을 깨달았습니다.

of는 ashamed 뒤에 있다가
앞으로 나올 것

A **Stag,**/ drinking from a **crystal** spring,/
saw himself **mirrored**/ in the **clear** water.

He **greatly** admired/ the graceful **arch**/ of his **antlers,**/
but he was very much **ashamed**/ of his **spindling** legs.

At **that** moment,/ he scented a **Panther**/
and started to **run** away.

But as he ran,/ his **wide-spreading** antlers/
got **caught** in the branches of the trees,/
and soon the **Panther** overtook him.

Then,/ the **Stag** perceived/ that the **legs** of which
he was so ashamed/ would have **saved** him/
had it not been for the **useless** antlers.

STEP 5
SHADOW SPEAKING
01

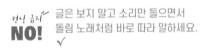

컨닝 금지
NO!
✓

글은 보지 말고 소리만 들으면서
돌림 노래처럼 바로 따라 말하세요.

PRONUNCIATION POINT

∩ 02 2번 따라읽기

c 발음

알파벳 **c**는 **come**처럼 한국어 ㅋ과 비슷한 소리가 나기도 하고, **peace**처럼 ㅆ과 비슷한 소리가 나기도 합니다. 어떤 경우에 이런 소리가 나는지 알아봅시다.

▶ ㅋ 소리가 나는 c

보통 **cr**이나 **cl**처럼 연속적으로 자음끼리 붙을 때의 **c**는 ㅋ처럼 센 소리가 납니다. 물론 예외적인 경우도 있습니다. 예를 들어 **color**나 **cup**처럼 자음이 연달아 오는 것이 아닐 때도 ㅋ과 비슷한 소리가 날 수 있습니다.

crystal
수정

credit
신용 거래

crown
왕관

clear
맑은

claim
주장하다

clay
점토

color
색깔

cup
컵

▶ ㅆ 소리가 나는 c

보통 **e, i, y**와 붙은 **c**를 soft c라고 합니다. 이 경우에는 ㅆ에 가까운 소리가 나지요.

graceful
우아한

perceived
감지된

face
얼굴

city
도시

cider
사과 술/주스

acid
산성

cycle
자전거/오토바이

fancy
근사한

147

33 The Mischievous Dog

행동이 나쁜 개

STEP 1
FIRST
READING

아래 글을 먼저 눈으로 읽은 다음,
소리 내서 읽어 보세요.

There was once a Dog who was so ill-natured and mischievous that his Master had to fasten a heavy wooden clog around his neck to keep him from annoying visitors and neighbors.

But the Dog seemed to be very proud of the clog and dragged it around noisily as if he wished to attract everybody's attention. He was not able to impress anyone.

"You would be wiser," said an old acquaintance, "to keep quietly out of sight with that clog.
Do you want everybody to know what a disgraceful and ill-natured Dog you are?"

★★★

ill-natured 성질이 나쁜 **mischievous** 장난이 심한 **fasten** 매다 **clog** 나무 막대기 **attract** (반응을) 끌다 **attention** 관심 **acquaintance** 아는 사람 **out of sight** 보이지 않는 곳에 **disgraceful** 망신스러운

음원을 들으며 정확한 소리를 익혀 보세요. 아래는 발음에 주의해야 할 표현입니다. 여기에 집중해서 들어 보세요.

There was once a Dog who was
so ill-natured and mischievous.

해석을 확인하고, 왼쪽의 영문을 다시 읽어 보세요. STEP 2에서 들었던 네이티브 발음을 떠올리면서 최대한 비슷하게 소리 내서 읽어 봅시다.

옛날에 어떤 개가 있었어요. 그 개는 성질이 나쁘고 짓궂어서 주인이 무거운 나무 막대기를 목에 매달았어요. 개가 방문객이나 이웃을 성가시게 하지 않게 하려고요.

[keep ~ from -ing]

하지만 그 개는 나무 막대기를 아주 자랑스러워하면서 시끄럽게 여기저기 끌고 다니는 모양이었어요. 마치 모두에게 자기를 좀 봐 달라고 하는 것처럼 말이죠. 그는 누구에게도 좋은 인상을 남기지 못했어요.

"좀 지혜롭게 행동해," 오랜 지인이 말했어요,
"그 막대기를 달고 조용히 안 보이게 지내라고.
네가 얼마나 망신스럽고 성질이 안 좋은 개인지 모두에게 알리고 싶니?"

['얼마나 ~한지'하는 뜻의 what 감탄문]

There was once a **Dog**/
who was so **ill**-natured and **mischievous**/
that his Master **had to** fasten a **heavy** wooden **clog**/
around his neck/ to **keep him** from **annoying** visitors
and neighbors.

But the **Dog** seemed to be/ very **proud** of the **clog**/
and **dragged** it around noisily/ as if he **wished**/
to attract everybody's **attention**.
He was **not** able to **impress** anyone.

"You would be **wiser**," said an old acquaintance,/
"to keep **quietly** out of sight/ with that clog.
 Do you want **everybody** to know/
 what a **disgraceful** and **ill**-natured Dog/ you are?"

STEP 5
SHADOW SPEAKING

01

잔밀 금시
NO!

글은 보지 말고 소리만 들으면서
돌림 노래처럼 바로 따라 말하세요.

PRONUNCIATION POINT

🎧 02 2번 따라읽기

ch 발음

이중자음 ch는 ㅊ과 ㅋ에 가까운 소리가 납니다. 따로 어떤 규칙이 있는 것은 아니고, 단어에 따라 나는 소리가 다른 것이니 사전에서 발음기호를 보고 익혀야 합니다.

▶ ㅊ 소리가 나는 ch

한국어 ㅊ과 비슷한 소리입니다. 단, ch는 입술을 앞으로 내밀면서 나는 소리기 때문에 [취/춰]에 가까울 때가 많아요.

mischievous
짓궂은

child
아이

teacher
선생님

choice
선택

champion
우승자

achieve
달성하다

check
확인하다

chapter
책의 장

attachment
애착

▶ ㅋ 소리가 나는 ch

ch는 단어에 따라 한국어 ㅋ과 비슷한 소리가 나기도 합니다. 병명에 등장하는 -ache(통증) 역시 ㅋ 소리가 납니다.

schedule
일정

technology
기술

chemical
화학의

backache
요통

headache
두통

Christmas
크리스마스

scheme
계략

school
학교

chaos
혼돈

The Travelers and the Purse

34 여행자들과 지갑

STEP 1
FIRST READING

아래 글을 먼저 눈으로 읽은 다음,
소리 내서 읽어 보세요.

Two men were traveling in company along the road when one of them picked up a purse.

"How lucky I am!" he said. "I have found a purse!"

"Do not say 'I have found a purse,'" said his companion.

"Say rather 'we have found a purse' and 'how lucky we are.'"

"No, no," replied the other angrily.

"I found it, and I am going to keep it."

Just then, people came down the road and said "Stop, thief!" The man who had found the purse fell into a panic. "We are lost if they find the purse on us," he cried.

"No, no," replied the other,

"Stick to your 'I.' Say 'I am lost.'"

★★★

in company 함께 companion 동행/동반자 reply 대답하다 angrily 화를 내며 fall into ~속으로 빠지다 lost 어쩔 줄 모르는/가망이 없는 stick to ~을 (바꾸지 않고) 고수하다

음원을 들으며 정확한 소리를 익혀 보세요. 아래는 발음에 주의해야 할 표현입니다. 여기에 집중해서 들어 보세요.

road / picked / found / down

STEP 3
SECOND
READING
01

해석을 확인하고, 왼쪽의 영문을 다시 읽어 보세요. STEP 2에서 들었던 네이티브 발음을 떠올리면서 최대한 비슷하게 소리 내서 읽어 봅시다.

 두 남자가 길을 따라 함께 여행하다가 한 사람이 지갑을 주웠어요.

"난 운이 참 좋아!" 그가 말했어요. "내가 지갑을 발견하다니!"

"'내가 지갑을 발견했다'고 말하지 마." 그의 동행이 말했어요.

"오히려 '우리가 지갑을 발견했다'거나 '우리가 얼마나 운이 좋은가' 라고 말해야지."

"아냐, 아냐." 다른 사람이 화가 나서 대꾸했어요. "내가 찾았으니 내가 가질 거야." 바로 그때 사람들이 그 길로 내려오면서 "멈춰라, 도둑아!"라고 말했어요. 지갑을 발견했던 남자는 공포에 사로잡혔죠. "저 사람들이 우리한테 지갑이 있는 걸 보면 우린 끝장이야." 그가 울부짖었어요.

"아니, 아니." 다른 사람이 말했어요. "계속 '나'를 고수하라고. '난 끝장이다'라고 말해."

stick to의 자연스러운 해석

153

● **Two** men were **traveling** in company/ along the **road**/ when **one** of them picked up a **purse**.

"How **lucky** I am!" he said. "**I** have found a purse!"
"Do **not** say/ 'I have found a purse,'" said his companion.
"Say rather/ '**we** have found a purse'/ and 'how lucky **we** are.'"
"**No**, no," replied the other **angrily**.
"**I** found it,/ and **I** am going to keep it."

Just **then**,/ people came down the road/ and said "**Stop**, thief!"
The **man** who had found the **purse**/ fell into a **panic**.
"We are **lost**/ if they find the purse/ on **us**," he cried.
"**No**, no," replied the other,/
"Stick to your '**I**.' Say '**I** am lost.'"

PRONUNCIATION POINT

🎧 02 2번 따라읽기

d 발음

d는 단어 처음에 올 때와 끝에 올 때 소리의 강약을 잘 조절해야 하는 알파벳입니다. '용두사미'처럼 기억해 두면 좋아요. 처음에 올 때는 소리를 내고, 끝에선 소리를 약하게 낸다고 말이죠. 그렇다고 끝소리 d를 아예 생략하는 건 안 됩니다.

▶ 첫소리 d

d는 흔히 ㄷ과 비슷한 소리라고 생각하기 쉽습니다. 하지만 혀끝을 윗니와 잇몸 사이의 경계에 댔을 때 나는 ㄷ 소리에 가까워요. d 발음을 잘하면 영어 발음이 좋다는 소리를 듣게 될 거예요.

dog
개

do
하다

down
아래에

dream
꿈

▶ 끝소리 d

단어 끝에 나오는 d는 아주 약하게 소리를 내야 합니다. 가령, husband를 [허즈번드]라고 모든 소리를 똑같은 세기로 발음하면 원어민에게는 아주 어색하게 들리기 때문입니다. 거의 [허즈번ㄷ]에 가깝다고 생각하세요. 단, d 소리를 아예 생략하면 안 됩니다. -k나 -p로 끝나는 동사에 -ed가 붙어 과거형이 되면 [트] 소리가 나는 것에도 주의하세요.

found
찾았다

picked
주웠다

road
길

stopped
멈췄다

정보를 읽자!
기사와 뉴스

Weather Forecast

일기 예보

아래 글을 먼저 눈으로 읽은 다음,
소리 내서 읽어 보세요.

We expect sun and clouds mixed today.

It will be partly cloudy in the morning.

There is a slight chance of a shower
or possible thunderstorm.

The low temperature will be around 75°F.

Winds will be light and variable.

Scattered thunderstorms will become more widespread
overnight.

Heavy thunderstorms are expected at times throughout
the weekend, but it won't be a washout.

★★★

expect 예상하다 partly 부분적으로 cloudy 구름이 많아 흐린 slight 약간의 shower 소나기
possible 가능성이 있는 thunderstorm 천둥 번개를 동반한 비 variable 변동이 심한 scattered
산발적인 overnight 밤새 throughout ~동안 쭉 washout (비로 인한 행사 등의) 중단/실패

음원을 들으며 정확한 소리를 익혀 보세요. 아래는 발음에 주의해야 할 표현입니다. 여기에 집중해서 들어 보세요.

mixed / light / variable / widespread

해석을 확인하고, 왼쪽의 영문을 다시 읽어 보세요. STEP 2에서 들었던 네이티브 발음을 떠올리면서 최대한 비슷하게 소리 내서 읽어 봅시다.

오늘은 맑지만 구름이 약간 낄 것으로 예상됩니다.

아침에는 부분적으로 구름이 끼어 흐릴 수 있겠습니다.

소나기나 천둥 번개를 동반한 비가 올 가능성이 약간 있습니다.

최저 기온은 약 24도 정도 되겠습니다.

약한 바람이 불다가 좀 변동이 있을 수 있겠습니다.

[become+more+형용사]는 '더 ~해지다'하는 의미

천둥 번개를 동반한 산발적인 비가 밤사이 더 확산될 수 있겠습니다.

주말 동안 때때로 천둥 번개를 동반한 강한 비가 예상되지만

비가 계속 내리지는 않을 것입니다.

주말을 망칠 정도로 비가 계속 오시는 않는다는 뜻

/ 끊어 읽기 ⌣ 연음 굵은글자 강세

We expect **sun and clouds**/ mixed today.

It will be **partly** cloudy/ in the **morning**.

There is a slight chance of a **shower**/

or possible thunderstorm.

The low **temperature** will be/ around **75°F**.

Winds will be/ **light** and variable.

Scattered **thunderstorms**/
will become more **widespread** overnight.

Heavy **thunderstorms** are expected at times/
throughout the **weekend**,/ but it **won't** be a washout.

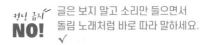

커닝 금지 글은 보지 말고 소리만 들으면서
NO! 돌림 노래처럼 바로 따라 말하세요.

PRONUNCIATION POINT

i 발음

영어의 모음에는 **a, e, i, o, u** 가 있습니다. 이 모음은 같은 철자일지라도 단어마다 소리의 길이가 다르기도 합니다. 소리가 짧은 것은 단모음, 긴 것은 장모음이라고 하지요. i의 경우 단모음 일 때는 [이] 소리가 나고, 장모음일때는 [아이] 소리가 납니다. 단모음/장모음이 되는 발음 규칙은 너무 많아서 한번에 다 배우기는 어렵습니다. 그러니 단어를 외울 때 철자와 뜻뿐 아니라 발음도 꼭 함께 익히는 게 좋습니다.

▶ 단모음 i

짧은 **i**는 [이]와 비슷한 소리가 납니다. 이때 발음기호는 [ɪ]로 표기합니다.

mixed 혼합된	**wind** 바람	**will** ~할 것이다
variable 변동이 심한	**fish** 물고기	**pig** 돼지

▶ 장모음 i

긴 **i**는 [아이]와 비슷한 소리가 납니다. 이때 발음기호는 [aɪ]가 됩니다.

slight 약간의	**light** 가벼운	**widespread** 확장하는
overnight 밤사이에	**kite** 연	**ice cream** 아이스크림

36 Article about Environment

환경 기사

STEP 1
FIRST READING

아래 글을 먼저 눈으로 읽은 다음,
소리 내서 읽어 보세요.

🔵 *Drought and Heat Threaten Power Supply*

The challenge of meeting energy demand during the extreme heat wave is likely to be worsened as the nation relies more and more on electricity. The scorching temperatures and the drought in the western United States make Americans rely even more on electricity and water supply systems.

As Oregon, California, New Mexico, and other states suffer from record-setting heat and diminishing water supplies, the demand for power is getting higher and higher.

★★★

drought 가뭄 **threaten** 위협/협박하다 **supply** 공급 **challenge** 어려움/과제 **meet** 충족시키다 **demand** 요구 **worsen** 약화시키다 **rely on** ~에 의존하다 **scorching** 타는 듯이 뜨거운 **record-setting** 기록적인 **diminishing** 감소하는

STEP 2
LISTENING
01

음원을 들으며 정확한 소리를 익혀 보세요. 아래
는 발음에 주의해야 할 표현입니다. 여기에 집중
해서 들어 보세요.

challenge / demand / wave / make

STEP 3
SECOND
READING
01

해석을 확인하고, 왼쪽의 영문을 다시 읽어 보세
요. STEP 2에서 들었던 네이티브 발음을 떠올리
면서 최대한 비슷하게 소리 내서 읽어 봅시다.

가뭄과 더위로 인한 전력 공급 위협

폭염 기간에 전국이 점점 더 크게 전기에 의존함에 따라, 에너지 수요를 충
족시키는 어려움이 더 심해질 것으로 보인다. 미 서부를 태워버릴 것처럼
뜨거운 온도와 가뭄 때문에 미국인은 전기와 물 공급 체계에 훨씬 더 많이
의존하고 있다. 무생물 주어에 익숙해지기

오리건, 캘리포니아, 뉴멕시코와 다른 주들이 기록적인 더위와 물 공급 감소
로 고전하고 있는 가운데, 전력 수요는 점점 더 높아지고 있다.

⬤ **Drought** *and* **Heat**/ *Threaten* **Power** *Supply*

The **challenge** of meeting **energy** demand/ during the **extreme** heat wave/ is likely to be **worsened**/ as the nation relies/ **more and more** on electricity.

The **scorching** temperatures and the **drought**/ in the western United States/ make Americans rely even more on **electricity**/ and **water** supply systems.

As Oregon,/ California,/ New Mexico,/ and other states/ **suffer** from record-setting **heat**/ and **diminishing** water supplies,/ the **demand** for power/ is getting **higher** and higher.

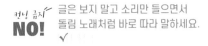

PRONUNCIATION POINT

a 발음

모음 **a**는 단모음이면 짧게 [애]라고 소리 내고, 장모음이면 길게 [에이]라고 소리 냅니다. 너무 길거나 짧을 필요는 없고 두 소리가 다르다는 것을 의식하는 정도면 됩니다. 이 두 경우는 발음기호도 다르게 표기해요.

▶ 단모음 a

짧게 [애]에 가까운 소리가 나는 경우입니다. 한국어 [에]보다 입을 양 옆과 위로 조금 더 벌리면서 소리 냅니다. 이런 소리가 날 때의 발음기호는 [æ]로 표기합니다.

challenge
도전

demand
요구

apple
사과

cat
고양이

man
남자

candy
사탕

jacket
재킷

pass
지나가다

massive
거대한

▶ 장모음 a

길게 [에이]에 가까운 소리가 나는 경우입니다. 이런 소리가 날 때의 발음기호는 [eɪ]로 표기합니다.

wave
물결

make
만들다

cake
케이크

bake
굽다

plane
평평한

basic
기본적인

table
식탁

paper
종이

case
경우

37 Article about Life

생활 기사

아래 글을 먼저 눈으로 읽은 다음,
소리 내서 읽어 보세요.

How To Age Gracefully

There are many easy ways to age gracefully, all within your control, including staying active, eating right, and protecting your skin from sun damage.

More than anything, stay hydrated to remain youthful! Simple water will prevent wrinkles and keep your organs running efficiently. Plus, those who sip water regularly flush their bodies of age-causing toxins.

You won't get younger again through these methods, but you can get old in a healthy way. These simple methods can prevent many aging problems. Let's practice one by one starting today.

***

age 나이를 먹다 **gracefully** 우아하게/고상하게 **within** (범위/한계) 내에 **more than anything** 무엇보다도 **prevent** 방지하다 **organ** 장기 **sip** 조금씩 마시다 **flush** 물을 부어 청소하다 **toxin** 독소 **practice** 실행하다

음원을 들으며 정확한 소리를 익혀 보세요. 아래는 발음에 주의해야 할 표현입니다. 여기에 집중해서 들어 보세요.

organs / again / problems

해석을 확인하고, 왼쪽의 영문을 다시 읽어 보세요. STEP 2에서 들었던 네이티브 발음을 떠올리면서 최대한 비슷하게 소리 내서 읽어 봅시다.

우아하게 나이를 먹는 방법

우아하게 나이 들기 위한 쉬운 방법이 많은데, 전부 당신이 조절할 수 있는 일이다. '활동적으로 살기, 올바른 식습관, 햇빛에 상하지 않도록 피부를 보호하기'가 바로 그 방법이다.

무엇보다도 젊음을 유지하려면 수분을 유지해야 한다!

그저 물을 마시는 것만으로도 주름을 예방하고 장기가 효율적으로 돌아가게 할 수 있다. 더불어 정기적으로 물을 조금씩 마시는 사람들은 몸속에서 노화를 유발하는 독성 물질을 씻어 내고 있는 것이다. those who는 '~한 사람들'

이런 방법을 통해서 다시 젊어질 수는 없지만 건강하게 나이를 먹을 수 있다.

이런 간단한 방법만으로도 여러 노화 문제를 예방할 수 있다.

오늘부터 하나씩 실천해 보자.

How To Age **Gracefully**

There are many **easy** ways/ to age **gracefully**,/
all **within** your **control**,/ including staying **active**,/
eating **right**,/ and **protecting** your skin/
from **sun** damage.

More than **anything**,/ stay **hydrated**/ to remain
youthful! Simple **water** will **prevent** wrinkles/
and keep your **organs**/ running **efficiently**.
Plus, those who sip water **regularly**/
flush their **bodies**/ of age-causing **toxins**.

You **won't** get younger **again**/ through **these** methods,/
but you can get old in a **healthy** way.

These **simple** methods/ can **prevent** many aging
problems. Let's **practice** one by one/ starting **today**.

STEP 5
SHADOW SPEAKING   01

컨닝 금지
NO! ✓

글은 보지 말고 소리만 들으면서
돌림 노래처럼 바로 따라 말하세요.

🎧 02 2번 따라읽기

슈와 현상

강세가 없는 영어의 모음이 한국어 [어]에 가까운 소리가 나는 것을 슈와(schwa) 현상이라고 합니다. 발음기호로는 [ə]에 해당합니다. 각 모음이 원래 가진 소리가 나는 것이 아니라 약하게 [어] 소리가 나는 현상이지요. 영어의 모음 a, e, i, o, u 에서 나타나는 슈와 현상을 알아봅시다.

▸ 모음 a의 슈와 현상

again
다시

organ
장기

▸ 모음 e의 슈와 현상

taken
잡힌

problem
문제

▸ 모음 i의 슈와 현상

possible
가능성이 있는

animal
동물

▸ 모음 o의 슈와 현상

ribbon
리본

bottom
하의

▸ 모음 u의 슈와 현상

medium
중간의

support
지원

38 Article about Safety
안전 기사

STEP 1
FIRST
READING

아래 글을 먼저 눈으로 읽은 다음,
소리 내서 읽어 보세요.

● *Drowning among Children*

The CDC estimates that almost 4,000 people each year die from drowning in America with one in five under 14-years-old. Many people have said they didn't think it could happen to them. And yet, it happens.

Unfortunately, in most drowning cases, the child was being supervised by an adult. The American Academy of Pediatrics recommends that a child in the water should always be within one arm's length.

***

drowning 익사 CDC(=Centers for Disease Control) 미국의 질병관리센터 estimate 추정하다 die from ~으로 죽다 and yet 그럼에도 불구하고 unfortunately 유감스럽게도 supervise 관리/감독하다 arm's length 팔을 뻗으면 닿는 거리

STEP 2
LISTENING 01

음원을 들으며 정확한 소리를 익혀 보세요. 아래는 발음에 주의해야 할 표현입니다. 여기에 집중해서 들어 보세요.

year / many / yet / by

STEP 3
SECOND READING 01

해석을 확인하고, 왼쪽의 영문을 다시 읽어 보세요. STEP 2에서 들었던 네이티브 발음을 떠올리면서 최대한 비슷하게 소리 내서 읽어 봅시다.

🔴 어린이 익사 사고

미국 질병관리센터는 미국에서 매년 거의 4천 명에 달하는 사람들이 익사를 하고 그 5명 중 1명은 14세 이하의 어린이라고 추정하고 있다.

많은 사람들이 자기에게 익사 사고가 일어날 것이라 생각하지 못했다고 말한다. 그럼에도 불구하고 익사는 발생한다.

안타깝지만 대부분의 익사 사고는 어른이 돌보고 있던 아이에게 일어난다. 미국 소아과학회는 아이가 물에 있을 때 항상 팔을 뻗으면 닿는 거리에 둘 것을 권장한다.

● **Drowning** *among* **Children**

The **CDC** estimates/ that almost **4,000** people each year/ die from **drowning**/ in America/ with **one in five**/ under **14**-years-old.

Many people have said/ they didn't think/ it **could** happen to them. And yet,/ it happens.

Unfortunately,/ in most **drowning** cases,/ the child was being **supervised**/ by an **adult**.

The **American** Academy of **Pediatrics** recommends/ that a **child** in the **water**/ should **always** be/ within **one** arm's length.

🎧 02 2번 따라읽기

y 발음

y는 원래 자음이지만 경우에 따라 모음으로 쓰기도 하는 특이한 알파벳입니다. 그래서 y를 반자음/반모음이라고 부릅니다. 각각의 경우를 알아봅시다.

▶ 자음 y

y가 단어의 첫 글자일 때나 음절의 첫 소리로 나올 때는 주로 자음으로 간주합니다. 이때는 발음기호 [j]로 표기하고 뒤에 나오는 모음과 합쳐져서 [이/야/여/요] 등의 소리가 납니다.

year 해	**yet** 아직	**yogurt** 요구르트
yard 마당	**young** 어린	**yawn** 하품하다
yesterday 어제	**lawyer** 변호사	**beyond** ~너머

▶ 모음 y

y가 모음 역할을 할 때는 발음기호 [aɪ] 또는 [i]로 표기합니다. 한국어로는 [아이]나 [이]에 가까운 소리죠. 단어에 다른 모음이 없을 때나 단어/음절 끝이 y인 경우에 주로 모음처럼 사용해요.

by ~에게	**academy** 교육기관	**any** 어느
many 많은	**dry** 마른	**cry** 울다
say 말하다	**myself** 나 자신	**bicycle** 자전거

39 Article about Society

사회 기사

*Employees Are Quitting
Rather than Going back to Work in Person*

As pandemic life recedes, the push to get people back to work in person is clashing with workers who want remote work. People are leaving their jobs in search of more money, more flexibility, and more happiness.

A survey among millennials and Gen Z shows that 49% would consider quitting if their employers weren't flexible about remote work, according to the poll by Bloomberg News.

---

rather than ~보다 오히려/차라리 **in person** 직접/대면하고 **recede** 약해지다 **push** 시도/노력 **clash** 충돌하다 **remote** 멀리 떨어져 있는 **survey** 설문 조사 **millennial** 1980~2000년대에 태어난 세대 **Gen Z(=Generation Z)** 1990년 중반~2010년대에 태어난 세대 **poll** 여론조사

음원을 들으며 정확한 소리를 익혀 보세요. 아래는 발음에 주의해야 할 표현입니다. 여기에 집중해서 들어 보세요.

recedes / happiness

해석을 확인하고, 왼쪽의 영문을 다시 읽어 보세요. STEP 2에서 들었던 네이티브 발음을 떠올리면서 최대한 비슷하게 소리 내서 읽어 봅시다.

회사에 다시 출근하느니 차라리 그만두고 있는 직원들

팬데믹 생활이 점차 사라지면서 사람들을 다시 대면하는 직장으로 복귀시키려는 시도가 원격 근무(재택 근무)를 원하는 직원들과 충돌하고 있다. 긴 문장에서 주어/동사 찾기

사람들은 보수가 더 많고 더 유연하고 더 행복한 곳을 찾아서 직장을 떠나고 있다.

블룸버그 뉴스의 여론 조사에 따르면, 밀레니얼 세대와 Z세대를 대상으로 한 설문에서 (응답자의) 49%는 고용주가 원격 근무에 융통성이 없다면 직장을 그만둘 것을 고려하겠다고 답했다.

Employees Are **Quitting**/
Rather than Going **back** *to Work in* **Person**

As **pandemic** life **recedes**,/
the **push** to get people **back** to work in **person**/
is clashing with workers/ who want **remote** work.

People are **leaving** their jobs/ in search of more **money**,/
more **flexibility**,/ and more **happiness**.

A survey among millennials and Gen Z shows/
that **49**% would consider **quitting**/ if their employers
weren't **flexible**/ about **remote** work,/
according to the **poll**/ by Bloomberg News.

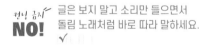

커닝 금지 **NO!** 글은 보지 말고 소리만 들으면서 돌림 노래처럼 바로 따라 말하세요.

PRONUNCIATION POINT

∩ 02 2번 따라읽기

z와 s 발음

z와 s는 입안의 같은 장소에서 소리를 만들어 냅니다. 둘의 차이점은 z는 유성음, s는 무성음이라는 거죠. 즉, z는 바람이 마찰하면서 떨리는 듯한 소리고, s는 바람이 빠질 때 나는 소리와 비슷하다고 볼 수 있어요.

▶ z 발음하기

z는 한국어 ㅈ과 유사하다고 생각하기 쉬운데, 이 생각을 버리는 게 발음에는 더 도움이 됩니다. 한국어로는 벌이 '윙윙' 거린다고 표현하죠. 영어로는 벌이 날아다니는 소리를 zzzz라고 해요. 위아래 이를 맞대고 윗니 뒤에 혀를 대고 내는 마찰음이 영어의 z 소리라 할 수 있습니다. 이때 목젖이 울려야 한다는 것에 주의하세요.

Gen Z
Z세대

zoo
동물원

buzzing
윙윙거리는

zebra
얼룩말

▶ s 발음하기

모음 다음에 s가 나오면 보통 [z] 소리가 납니다. 단, **happiness** 같은 예외도 있습니다.

music
음악

easy
쉬운

nose
코

recedes (recede의 3인칭 단수 현재형)
약해지다

News about Politics

정치 뉴스

STEP 1
FIRST
READING

아래 글을 먼저 눈으로 읽은 다음,
소리 내서 읽어 보세요.

Presidential Speech Highlights

The president delivered his first White House address.
Here's what you need to know:
The president promises to make all adult Americans
eligible for the vaccine. Also, he will expand ways to
provide the vaccines.

The campaign to sell the stimulus bill to the American
public has already begun. To rapidly boost the U.S.
economy, he plans to make a massive effort to reopen
our schools safely.

The president criticized "vicious" hate crimes against
Asian-Americans, and he has called for "unity."

***

eligible for ~할 자격이 있는 **expand** 확대하다 **sell** (아이디어 등을) 납득시키다 **stimulus** 촉진(제)
bill 법안 **boost** 끌어올리다 **massive** 거대한/엄청난 **vicious** 악랄한/사나운 **hate crime** 증오 범죄
call for ~을 호소/촉구하다

STEP 2
LISTENING   01

음원을 들으며 정확한 소리를 익혀 보세요. 아래는 발음에 주의해야 할 표현입니다. 여기에 집중해서 들어 보세요.

Americans / eligible / begun / economy

STEP 3
SECOND READING   01

해석을 확인하고, 왼쪽의 영문을 다시 읽어 보세요. STEP 2에서 들었던 네이티브 발음을 떠올리면서 최대한 비슷하게 소리 내서 읽어 봅시다.

대통령 연설 하이라이트

뉴스에 자주 나오는 표현 deliver an adress

대통령이 첫 백악관 연설을 했습니다.

여러분이 알아야 하는 내용은 이렇습니다.

대통령이 모든 미국 국민이 백신을 맞을 자격을 갖게 하겠다고 약속했습니다. 또한 백신 제공 방안을 확장할 예정입니다.

대국민 (경제) 촉진 법안을 납득시키기 위한 홍보가 이미 시작되었습니다.

대통령은 신속한 미 경제 활성화를 위해 학교를 안전하게 다시 여는 막대한 노력을 기울일 계획입니다.

대통령은 아시아계 미국인에 대한 '악랄한' 증오 범죄를 비난하며 '통합'을 촉구했습니다.

관용 표현 call for

Presidential Speech Highlights

The **president** delivered/ his **first** White House address.

Here's **what** you need to **know**:
The **president** promises/ to make **all** adult
Americans **eligible**/ for the **vaccine**.

Also,/ he will **expand** ways/ to **provide** the vaccines.

The **campaign** to sell the **stimulus** bill/
to the American public/ has **already** begun.
To rapidly **boost** the U.S. **economy**,/
he plans to make a **massive** effort/
to **reopen** our **schools** safely.

The president criticized "**vicious**" hate crimes/
against **Asian**-Americans,/ and he has called for "**unity**."

. . . .

e 발음

모음 **e**는 여러 가지 소리를 가지고 있습니다. 철자만 보고 어떤 소리인지 알기는 어려우니 대표적인 소리를 알아 봅시다.

▶ **짧은 [e]**

한국어로는 [에] 소리에 가깝습니다. 짧게 소리를 내면 됩니다.

Americans	**eligible**	**exit**
미국인들	자격이 있는	출구

▶ **짧은 [ɪ]**

한국어로는 [이]에 가깝습니다. 위의 [에]와는 완전히 다른 소리이니 단어의 발음기호를 확인하는 게 좋습니다.

emotion	**begun**	**economy**
감정	시작했다	경제

▶ **긴 [i]**

한국어로는 [이-]에 가까운 소리입니다. 의식해서 너무 길게 소리를 끌지 않도록 주의하세요.

even	**feet**	**leaf**
~ 조차	발	나뭇잎

▶ **강세 없는 e**

한국어로는 [으/이] 소리에 가깝다고 할 수 있어요. **level**에서 처음 **e**는 [에] 소리가 나고, 뒤에 **e**는 [으]에 가까운 소리가 납니다.

below	**level**
~아래에	정도

DICTATION

본문의 지문 중 딕테이션 훈련을 하기 좋은 22개를 뽑았습니다.
큐알코드를 찍어 음원을 들으며 빈칸을 채워 보세요.
음원 속도를 따라갈 수 없으면 한글로 먼저 적은 후에 나중에 영어로 바꿔도 됩니다.

The Book of Ecclesiastes

I have seen something else under the sun:

The [1]   not to the swift
or the battle to the strong,
nor does [2]   come to the wise
or wealth to the brilliant
or favor to the learned;
but time and chance happen to [3]   .

Moreover, no one knows
when their hour will come.

Anyone who is [4]   the living has hope–
even a live dog is [5]
than a dead lion!

Graduation Speech

Of course, it was impossible to connect the dots looking forward when I was in college. But it was very very clear looking backward 10 years later.

Again, you [1] connect the dots looking forward; you [2] only connect them looking backward.

So you [3] trust that the dots will somehow connect in your future. You have to [4] something–your gut, destiny, life, karma, whatever.

Because believing that the dots will connect down the road will [5] the confidence to follow your heart even when it leads you off the well-worn path, and that will make all the difference.

▶ 정답 p.206

The Gift of the Magi

Tomorrow [1]   Christmas Day.
Della had [2] $1.87 with which to buy Jim
a present.

She [3]   saving every penny
she could for months, with this result.
Twenty dollars a week doesn't go far.
Expenses had been greater than she had
calculated. They [4]   .

Only $1.87 to buy a present for Jim. Her Jim.
Many happy hours, she had [5]   planning
for something nice for him.

Something fine and rare and sterling.

DICTATION 04

Article about Environment

Drought and Heat Threaten Power Supply

The [1]   of meeting energy
[2]   during the extreme heat [3]
is likely to be worsened as the nation relies more
and more on electricity.

The scorching temperatures and the drought in the
western United States [4]   Americans rely
even [5]   electricity and water supply
systems.

As Oregon, California, New Mexico, and other
states suffer from record-setting heat and
diminishing water supplies, the demand for
power is getting higher and higher.

▶ 정답 p.206

The Travelers and the Purse

Two men were traveling in company along the
[1]   when one of them [2]   up a
purse. "How lucky I am!" he said.
"I have [3]   a purse!"
"Do not say 'I have found a purse,'" said his
companion. "Say rather 'we have found a purse'
and 'how lucky we are.'"
"No, no," replied the other angrily.
"I found it, and I am going to keep it."

Just then, people came [4]   the road
and said "Stop, thief!"

The man who had found the purse
[5]   a panic. "We are lost
if they find the purse on us," he cried.

"No, no," replied the other,
"Stick to your 'I.' Say 'I am lost.'"

Cancellation Terms and Conditions

#1

Our hotel [1]   flexible booking options with free changes and [2]   .

We even give you the flexibility to change or cancel up to 24 hours before your arrival day.
Some [3]   to the 24-hour window may apply.

#2

Reservations need to be canceled at least two days before the scheduled arrival date, or
[4]   will be charged a one-night penalty.

Please cancel 48 hours prior to arrival to avoid a one-night charge plus tax.
[5]   no exceptions, including Covid cases.

▶ 정답 p.206

Interviews

"I know life is short, and I'm a lucky woman.
I think that you [1]   own way.
You have your own rules. You have your own
understanding of yourself, and that's what you're
going to count on. In the end, it's what feels right
to you. Not what your mother told you. Not what
some actress told you.
[2]   what anybody else told you [3]
the still, small voice."

"The formula of happiness and success is just,
being actually yourself, in the [4]   vivid
possible way you can."

"Put blinders on to those things that conspire to
[5]   back, especially the ones in
your own head."

Weather Forecast

We expect sun and clouds [1] today.

It will be partly cloudy in the morning.

There is a slight chance of a [2] or possible thunderstorm.

The [3] temperature will be around 75°F. Winds will be [4] .

Scattered thunderstorms will become more [5] overnight.

Heavy thunderstorms are expected at times throughout the weekend, but it won't be a washout.

▶ 정답 p.206

DICTATION 09

Breakfast at Tiffany's

You know what's [1]   with you,
Miss Whoever-you-are?

You're chicken, [2]   no guts.
You're afraid to stick out your chin and say,

"Okay, life's a fact, people do fall in love, people
do belong to each other because that's the only
chance [3]   for real happiness."

You call yourself a free spirit, a "wild thing," and
you're terrified [4]
stick you in a cage.

Well, baby, you're [5]   in that cage.

The Ant and the Dove

A Dove saw an Ant fall into a brook.
The Ant [1]   in vain to reach the bank,
and in pity, the Dove dropped a blade of
[2]   close beside it.

Clinging to the straw like a [3]   sailor
to a broken spar, the Ant floated safely to shore.

Soon after, the Ant saw a man getting
[4]   kill the Dove with a stone.
But just as he cast the stone, the Ant stung him
in the heel so that the pain made him miss
[5]   , and the startled Dove flew to safety
in a distant wood.

▶ 정답 p.206

Medication Instructions

Take 1 tablet by mouth.

Discard after [1]   .

You may refill [2]   by [3]   .

Take the medication as scheduled at the same time every day.

Do not stop taking or change your medication unless you first talk with your doctor.

This medication may cause some
[4]   :

You could feel dizziness or weakness when standing up suddenly or [5] in the morning.

Advertisement 04

[1]   you waiting for?

Bring your dream vacation to life!
You'll be surrounded by nature yet
have all the [2]   home.

Be our guest in this cozy log cabin situated by a
short drive to the lake!
This beautiful, [3]   dream house
has a bedroom with a skylight and a full kitchen.
It has 2-car garage parking on the premises.

Be prepared for [4]   animals!
This place isn't suitable for children under 12,
and the host [5]   allow pets or smoking.

▶ 정답 p.206/207

The Mischievous Dog

There was once a Dog who was so [1]
and [2]   that his Master had to
fasten a heavy wooden[3]   around his neck
to keep him from annoying visitors and neighbors.

But the Dog [4]   be very proud of
the clog and dragged it around noisily as if he
wished to attract everybody's attention. He was
not able to impress anyone.

"You would be wiser," said an old acquaintance,
"to keep quietly out of sight with that clog.
Do you want everybody to know what a
[5]   and ill-natured Dog you are?"

DICTATION 14

News about Politics

Presidential Speech Highlights

The president delivered his first White House
address. Here's what you need to know:
The president promises to make all adult
[1]   for the vaccine.
Also, he will expand ways to provide
the vaccines.

The campaign to sell the stimulus bill to the
American public has already [2]   .
To rapidly boost the U.S. [3]   ,
he plans to make a massive effort to reopen our
schools safely.

The president criticized "[4]   " hate
crimes against Asian-Americans,
and he [5]   for "unity."

▶ 정답 p.207

The Stag and His Reflection

A Stag, drinking from a [1]   spring, saw himself mirrored in the [2]   water. He greatly admired the [3]   arch of his antlers, but he was very much ashamed of his spindling legs.

At that moment, he scented a Panther and started to run away. But as he ran, his wide-spreading antlers got [4]   the branches of the trees, and soon the Panther overtook him.

Then, the Stag [5]   that the legs of which he was so ashamed would have saved him had it not been for the useless antlers.

Acceptance Speech 02

Civilization and violence are antithetical concepts.
[1]   later, all the people of the world
will have to discover a way to live together in
peace and [2]   transform this pending
cosmic elegy into a creative psalm of
[3]   .

If this is to be achieved, man must evolve for
all human conflict a [4]   which rejects
revenge, aggression, and retaliation.

The foundation of such a method is love.
The beauty of genuine brotherhood and peace is
more precious than [5]   silver
or gold.

▶ 정답 p.207

The Goose That Laid the Golden Egg

There was once a countryman who possessed the most wonderful Goose, and [1]
a beautiful, glittering golden egg.

The countryman took the eggs to market and soon began to get rich. But it was not long before he grew impatient [2]
because she gave him only a single golden egg a day.

Then one day, after he [3]   counting his money, the idea came to him that he could get all the golden eggs at once by killing the Goose and cutting it open.

But when the [4]   was done, not a single golden egg [5]   find, and his precious Goose was dead.

The Great Gatsby

In my younger and more vulnerable years,
my father gave me some advice that
1
turning over in my mind ever
since.

He told me,
"Whenever you feel like criticizing any one,
just remember that. All the people in this world
2
the advantages that
3
."

He didn't say any more but ⁴
been unusually communicative in a reserved way,
and I understood that he meant a great deal more
than that.

In consequence I'm inclined to ⁵
judgments.

▶ 정답 p.207

The Young Crab and His Mother

"[1]   the world do you walk sideways like that?" said a Mother Crab to her son.

"You should always walk straight forward with your toes turned out."

"Show me [2]   walk, mother dear," answered the little Crab obediently,
"I [3]   learn."

So the old Crab tried and tried to walk straight forward. But she could walk sideways only, like her son.

And when she [4]   turn her toes out, she tripped and [5]   on her nose.

Pride and Prejudice

Pride is a very common failing, I believe. Human nature is particularly prone to it, and that there are very few of us who do not cherish a feeling of self-complacency.

[1]   and pride are different things, though the words are often used [2]   .

A person may be proud without being vain. Pride relates more to our opinion of [3]   , vanity to what we [4]   others think of us.

If I were as [5]   Mr. Darcy, I should not care how proud I was.

▶ 정답 p.207

DICTATION 21

The Little Prince

"I [1]   listened to her,"
he confided to me one day.

"The fact is that I did not know
how to understand anything!
I [2]   judged by actions
and [3] by words.

She [4]   fragrance
and her radiance over me.
I shouldn't have run away from her...
I should have guessed all the affection
that lay behind her poor little scheme.

[5]   so inconsistent!
But I was too young to know how to love her..."

DICTATION 22

Well-known Sayings 01

"The secret of getting [1]   getting started."

"The human race has one really effective weapon, and that is laughter."

"There are basically two [2]   people. People who accomplish things, and people who claim to have accomplished things. The first [3]   is less crowded."

"If it's your job to eat a [4]   , it's best to do it first thing in the morning. And if it's your job to eat two frogs, it's best to eat the [5]   one first."

(중략)

▶ 정답 p.208

205

ANSWERS

DICTATION 01

1 race is   **2** food   **3** them all
4 among   **5** better off

DICTATION 02

1 can't   **2** can   **3** have to
4 trust in   **5** give you

DICTATION 03

1 would be   **2** only
3 had been   **4** always are
5 spent

DICTATION 04

1 challenge   **2** demand
3 wave   **4** make
5 more on

DICTATION 05

1 road   **2** picked   **3** found
4 down   **5** fell into

DICTATION 06

1 offers
2 cancellations
3 exclusions
4 guests
5 There are

DICTATION 07

1 find your   **2** Not   **3** but
4 most   **5** hold you

DICTATION 08

1 mixed   **2** shower   **3** low
4 light and variable
5 widespread

DICTATION 09

1 wrong
2 you've got
3 anybody's got
4 somebody's gonna
5 already

DICTATION 10

1 struggled   **2** straw
3 shipwrecked   **4** ready to
5 his aim

DICTATION 11

1 03/04/2023
2 2X
3 10/21/2022
4 side effects
5 getting up

DICTATION 12

1 What are
2 comforts of
3 one-of-a-kind
4 wild
5 doesn't

DICTATION 13

1 ill-natured
2 mischievous
3 clog
4 seemed to
5 disgraceful

DICTATION 14

1 Americans eligible
2 begun **3** economy
4 vicious **5** has called

DICTATION 15

1 crystal **2** clear **3** graceful
4 caught in **5** perceived

DICTATION 16

1 Sooner or **2** thereby
3 brotherhood **4** method
5 diamonds or

DICTATION 17

1 she had laid
2 with the Goose
3 had finished
4 deed
5 did he

DICTATION 18

1 I've been
2 haven't had
3 you've had
4 we've always
5 reserve all

DICTATION 19

1 Why in **2** how to
3 want to **4** wanted to
5 fell

DICTATION 20

1 Vanity
2 synonymously
3 ourselves
4 would have
5 rich as

ANSWERS

1 shouldn't have

2 should have

3 not

4 cast her

5 Flowers are

1 ahead is   **2** types of   **3** group

4 frog   **5** biggest